T0245748

Eres, INCREÍBLE

Cómo afrontar el cambio, lidiar con el fracaso y vivir con propósito

Título original: YOU ARE AWESOME
Traducido del inglés por Alicia Sánchez Millet
Diseño de portada: Editorial Sirio, S.A.
Maquetación: Toñi F. Castellón

© de la edición original
   2019, Neil Pasricha

Todas las imágenes son cortesía del autor excepto:
página 14: Imágenes de Larry Harmon Corporación;
página 28: The British Library Board, C.13a.6 sig. 1iiiir;
páginas 71 y 72: Tim Urban/Waitbutwhy.com;
páginas 190 a 197: Frank Warren/PostSecret.

© de la presente edición
   EDITORIAL SIRIO, S.A.
   C/ Rosa de los Vientos, 64
   Pol. Ind. El Viso
   29006-Málaga
   España

www.editorialsirio.com
sirio@editorialsirio.com

I.S.B.N.: 978-84-18531-84-2
Depósito Legal: MA-404-2022

Impreso en Imagraf Impresores, S. A.
c/ Nabucco, 14 D - Pol. Alameda
29006 - Málaga

Impreso en España

Puedes seguirnos en Facebook, Twitter, YouTube e Instagram.

 El papel utilizado para la impresión de este libro está **libre de cloro** elemental
(ECF) y su procedencia está certificada por una entidad independiente, no
gubernamental, que promueve la sostenibilidad de los bosques. PEFC

NEIL PASRICHA

autor de
La ecuación de la felicidad

Eres INCREÍBLE

Cómo afrontar el cambio, lidiar con el fracaso y vivir con propósito

UN MANUAL DE RESILIENCIA

EDITORIAL
SIRIO

Eres lo que comes.
Y eres lo que lees.
¿Tienes hambre?
Adelante.

ÍNDICE

Necesitas más resiliencia

Hay una antigua fábula taoísta sobre un campesino y su caballo. ¿La conoces? Es como sigue:

Un campesino solo tenía un caballo. Un día, se le escapó.

—Lo sentimos mucho. ¡Qué mala noticia! Debes de estar muy disgustado —le dijeron sus vecinos.

—El tiempo lo dirá —respondió el hombre.

A los pocos días, su caballo regresó acompañado de veinte caballos salvajes. El campesino y su hijo acorralaron a los veintiún caballos.

—¡Felicidades! Es una gran noticia. ¡Debes de estar muy contento!

—El tiempo lo dirá —volvió a responder.

Uno de los caballos salvajes pateó al hijo del campesino y le rompió las dos piernas.

—Lo sentimos mucho. ¡Qué mala noticia! Debes de estar muy disgustado —le volvieron a decir los vecinos.

—El tiempo lo dirá —respondió él.

Se declaró una guerra en el país y todo joven capacitado fue reclutado para luchar. La guerra fue muy cruenta y acabó con la vida de muchos jóvenes, pero como el hijo del campesino tenía las piernas rotas se libró de ir a luchar.

—¡Felicidades! Es una gran noticia. ¡Debes de estar muy contento! —le dijeron los vecinos.

—El tiempo lo dirá... —respondió él.

¿Qué le pasaba a este campesino loco?

Pues bien, lo que le pasaba era que había desarrollado la verdadera resiliencia. Se había forjado su propia resiliencia. ¡Era una persona resiliente! Era estable, estaba preparado y era capaz de afrontar cualquier circunstancia que se le planteara en el futuro con una mirada en los ojos que exclamaba: ¡Venga, vale!

Este campesino entendía que ni el mayor de los placeres ni la peor de las derrotas definen *quién se es*, solo *dónde se está*.

El campesino sabía que lo que le sucedía en la vida solo le servía para ayudarlo a ver dónde se encontraba y decidir qué camino tomar a partir de ahí.

Él sabía que todo final es un principio.

Siempre que leo esta fábula del campesino y su caballo me imagino uno de esos payasos hinchables para practicar boxeo que podemos encontrar en una fiesta de cumpleaños de un niño de cinco años.

¿Sabes a qué me refiero?

Tienen este aspecto:

¡Le das en la nariz! Se cae hacia atrás. Se vuelve a levantar. ¡Lo tiras al suelo con un violento abrazo de oso! Se cae. Se levanta. Le lanzas una patada de karate a un lado de la cabeza. Se cae.

Y se vuelve a levantar.

Resiliencia.

En mi viaje como pensador, escritor y orador sobre cómo vivir con propósito —siempre combatiendo a mis propios demonios por el camino— este concepto de resiliencia pasó rápidamente a ocupar el centro de mi vida a un volumen estrepitosamente alto.

¡No es que lo buscara!

Hace diez años, mi esposa me abandonó y mi mejor amigo se quitó la vida; entonces, canalicé esa angustia a través de la sencilla práctica de escribir una cosa asombrosa cada día en un blog llamado *1000 cosas asombrosas*. Ese blog se convirtió en mi primer libro.

La **gratitud** es el tema central de *The Book of Awesome* [El libro de lo asombroso].

Cinco años después conocí a Leslie, nos enamoramos y nos casamos. En el vuelo de regreso de nuestra luna de miel me dijo que estaba embarazada. Cuando aterrizamos empecé a escribirle una larga carta a mi hijo, todavía nonato, sobre cómo ser feliz en la vida. Esa carta se convirtió en mi último libro.

El tema central de *La ecuación de la felicidad* es la **felicidad**.

Y ahora digo que la resiliencia ha pasado a ocupar el centro de todo y que se escucha alto y claro.

¿Por qué?

Porque la resiliencia es una habilidad que ahora escasea. Somos pocos los que hemos sufrido hambrunas o guerras, o para ser sinceros, algún tipo de auténtica escasez. ¡Lo tenemos todo! Y el efecto secundario es que ya no tenemos las herramientas para gestionar el fracaso, ni siquiera para percibirlo. Actualmente, cuando tropezamos nos quedamos llorando en la acera. Nos estamos convirtiendo en un ejército de muñecas de porcelana.

Después de una charla que di recientemente, se me acercó una persona de unos cincuenta y tantos, casi sin aliento, y me hizo una de esas preguntas típicas que suelen hacerme en todas partes: «¡Mi hijo fue capitán del equipo de fútbol del instituto! ¡Se graduó con honores en la Universidad Duke! ¡Y anoche me llamó llorando porque su jefe le había mandado un correo electrónico desagradable! ¿Qué le está pasando? ¿Qué nos está pasando? ¿Y qué podemos hacer al respecto?».

¿Qué nos *está* pasando?

Vivimos en una sociedad en la que ante una ráfaga de viento, no nos doblamos, nos rompemos. Cuando volcamos, salpicamos. Cuando nos quebramos, nos hacemos añicos. El *The New York Times* ha publicado que uno de cada tres adolescentes padece ansiedad clínica. Los teléfonos móviles nos recuerdan que nunca somos lo bastante buenos. Las mariposas en el estómago de ayer se convierten en los ataques de pánico de mañana. ¿Y qué me dices de los índices de depresión, soledad y suicidios? ¡No dejan de crecer!

Sencillamente no podemos gestionarlo.

Hoy en día, necesitamos aprender las habilidades que el campesino de la fábula tenía a raudales. Y hemos de hacerlo rápido. La volatilidad, la incertidumbre y la complejidad se están disparando. ¿El cambio? Constante. ¿La última tendencia? Que te interrumpan. Mientras tanto, sabemos que las relaciones siempre cambian y toman otras direcciones, y la vida, siempre, siempre, siempre, tiene otros planes.

¿Qué necesitamos?

Ser como el campesino.

¿Qué queremos?

Ser como el campesino.

Hemos de asumir la incertidumbre, el fracaso y el cambio que se nos presenta en la vida y utilizarlos para tomar impulso y proyectarnos siempre hacia delante, hacia delante y hacia delante.

Eres increíble trata sobre la **resiliencia**.

Es una secuencia de nueve secretos avalados por investigaciones, y que comparto mediante vivencias personales, sobre cómo podemos cambiar nuestra actitud de resistencia al cambio por la de estar abiertos a él, sobre cómo podemos pasar de la tendencia al fracaso a ser a prueba de fracasos, de ser demasiado permeables a estar curtidos, de padecer ansiedad a ser increíbles.

La vida es minúscula y frágil, hermosa y valiosa.

Y nosotros somos realmente increíbles.

Solo nos hacen falta unas cuantas señales de flechas direccionales para que reencontremos el camino correcto cada vez que perdemos el rumbo.

En este libro hay nueve flechas.

Espero que te guste.

Neil

SECRETO 1

Añade puntos suspensivos

Mi madre nació en Nairobi, Kenia, en 1950. Era la menor de ocho hermanos, vivió en una casita del centro de la ciudad, era callada, tímida y la eterna pequeña.

En aquel entonces, Kenia contaba con una mayoría negra, una minoría morena y los blancos, que estaban en la cima de la escala social. Es decir, los nativos kenianos, la clase procedente del este de la India –importada para hacer funcionar la economía– y los colonos británicos, que eran los que lo manejaban todo.

La clase procedente del este de la India incluía al padre de mi madre, que emigró desde Lahore, ciudad india en aquel entonces, hasta Nairobi, en la década de 1930, para trabajar en la construcción del ferrocarril.

Los británicos colonizaron Kenia a finales del 1800 y el país no recuperó su independencia hasta mediados de la década de 1960, de modo que era un país prácticamente gobernado por los británicos cuando nació mi madre. Los blancos dirigían las instituciones. Los blancos dirigían el gobierno. Los blancos dirigían las mejores escuelas.

Mi madre no era blanca.

Por consiguiente, no era la persona *correcta*.

Y tampoco pertenecía al sexo correcto.

¿A qué me refiero?

Me refiero a que mis abuelos habían tenido siete hijos antes que mi madre. Cuatro chicas y tres chicos. Según cuentan mi madre y mis tías, mis abuelos deseaban desesperadamente que el cuarto fuera un chico para por lo menos igualar los números.

Los niños eran muy valiosos en su cultura. Lo que aspiraban tener todas las parejas.

Durante generaciones se invirtió más dinero en la educación y formación masculina, lo que implicaba que los hombres eran autosuficientes. Las mujeres, por el contrario, dependían de que sus maridos abrieran la cartera cada domingo para darles unos chelines para comprar alimentos y ropa para la familia. Por tradición, las mujeres cuando se casaban tenían que abandonar su familia e irse a vivir con la de su esposo, cuidar de su suegra, en lugar de cuidar de sus propios padres. De modo que tener un hijo garantizaba una *pensión cultural*, mucho antes de que existieran las pensiones de jubilación. ¡Nada de ingresos en la cuenta o cheques una vez al mes! Solo la nuera cocinándoles lentejas al curri y sirviéndoles *chai*.*

Para empeorar las cosas, su cultura compensaba a los hombres todavía más con una dote. ¿Qué es una dote? Cuando era pequeño no lo entendía, pero una dote es una costumbre arcaica y antigua: un regalo que hacían los padres de la novia a los del novio, como si les estuvieran diciendo: «Gracias por quitarnos de encima a nuestra hija».

Por cierto, cuando digo *antigua* lo digo por algo. Incluso uno de los textos más antiguos que se conocen, el *Código de Hammurabi*, de hace cerca de cuatro mil años, habla de las dotes de este modo, como regalos para la familia del novio. Y un *regalo* en serio. Una dote suele incluir joyas, propiedades y grandes sumas en efectivo,

---

* N. de la T.: En hindi significa simplemente té, aunque en Occidente se ha popularizado como té con especias y leche, que en India sería el *masala chai*.

que suponen una enorme carga económica para cualquiera que tenga a una hija por casar.

Cuando mis abuelos tuvieron a mi madre, todos esos costes y cargas adicionales se les vinieron encima. Se me parte el corazón al pensar que cuando mi madre abrió los ojos por primera vez, y fue viendo el mar de rostros que había a su alrededor, ¿qué es lo primero que probablemente percibió?

La decepción de todos.

¿Cómo se le transmitió a mi madre esa carga familiar, el sentimiento de no ser deseada? Como suelen comunicarse estas arraigadas normas culturales, como una pesada e invisible manta sobre ella, como una fuerza que no podía ver, pero sí sentir en sus huesos.

Cuando nacía un chico, los amigos y vecinos decían: «¡*Badhaee ho*!», que significa: '¡maravilloso, fantástico, felicidades!'. ¿Y cuando nacía una niña? «*Chalo koi nahi*». ¿Cuál es la traducción? 'Sigue adelante. Ánimo soldado. *Bueno, bien*, ¿qué le vas a hacer?'.

Según contaba mi madre, había un sentimiento fatalista de punto final. «Mi vida estaba programada —me dijo—. Estaba decidida». El sexo, la cultura y las tradiciones apuntaban a una desgastada línea de meta en la que podía ver su futuro. Su vida parecía una sentencia. Algo preordenado y punitivo.

Ninguna posibilidad, ninguna opción..., nada de puntos suspensivos.

Solo el final. Un punto final.

A medida que iba creciendo, mi madre iba viendo cómo sus hermanas cumplían esa misma sentencia que tenían por delante, iban siendo arrancadas del hogar familiar, una tras otra, se casaban con un hombre elegido por sus padres, para darle hijos, cocinar y cuidar de él y de sus padres. Ante la perspectiva de una condena a cadena perpetua con un punto final como objetivo, mi madre tenía una opción que plantearse: ¿sobrepasaría alguna vez el punto final?

¿Qué me dices de ti?

¿Sientes alguna vez que no tienes opciones?

¿Sientes alguna vez que no puedes elegir?

¿Ves alguna vez el punto al final de tu frase?

Todos lo sentimos alguna vez.

Todos tenemos a veces este sentimiento fatalista de punto final en la frase sobre nuestra vida. Tal vez sea por haber crecido en una cultura dominada por los hombres en la que no se vislumbra ninguna otra opción. Tal vez sea porque estás cuidando de algún familiar enfermo y tú siempre te pones en el último lugar de tu lista. Tal vez sea porque te sientes atrapada en tu trabajo, después de haber estudiado veinte años y estar asfixiada por las deudas. Tal vez tu familia viva en un país donde tu solicitud de visado para entrar es rechazada una y otra vez. Tal vez no recibas un ascenso. Tal vez no quieran liberarte.

¿Qué haces cuando puedes ver el futuro que te aguarda en tu camino, pero no te gusta?

Bueno, puedes adoptar una actitud mental crucial. Y no es rendirse. Ni darse la vuelta y salir corriendo. Porque ambos sabemos que la vida no es así de fácil. Los consejos de los discursos de graduación no siempre funcionan. ¡Haz lo que te dicte el corazón! ¡Haz lo que te guste!

«Mi corazón me decía que lo siguiera y me abandonó».

«Quiero hacer lo que me gusta, pero tengo facturas que pagar, responsabilidades y otras personas a mi cargo».

A veces lo más difícil es simplemente tomar la decisión de seguir adelante.

A veces lo más difícil es simplemente tomar la decisión de seguir respirando, moviéndote, funcionando, operando.

Un punto significa ceder a las circunstancias de la vida, reducir la velocidad ante cosas que parecen inevitables, imposibles, demasiado dolorosas.

Un punto es rendirse.

A lo que hemos de aferrarnos en nuestro corazón es al valor silencioso para cambiar la puntuación. A lo que hemos de aferrarnos es a la idea de que la resiliencia significa ver el libre albedrío que se extiende justo después del punto.

Hemos de aferrarnos al deseo de sobrepasar ese punto final.

De ver más allá de ese punto final.

Y añadir puntos suspensivos.

1

Un invento de hace quinientos años que podemos usar hoy

En gramática, los puntos suspensivos indican una elipsis.
La doctora Anne Toner es una académica de la Universidad de Cambridge que dedicó años al estudio de la elipsis. No, no es una broma. Pero tengo buenas noticias. ¡Encontró sus orígenes! Sí, la primera vez que aparecieron los puntos suspensivos fue en la traducción inglesa de la obra *Andria*, del dramaturgo romano Terencio.

Hagamos una breve pausa para contemplar una pequeña parte de la caligrafía borrosa de hace medio milenio. La primera elipsis. Amigos de la historia y fanáticos del Trivial, pasad la página y contemplad la maravilla encapsulada en ámbar...

Los puntitos tienen forma de patatitas, ¿no te parece? «Bien, veamos si podemos dar con un nuevo signo de puntuación que el mundo entero usará dentro de quinientos años». No fue fácil. Pero hubo ayuda. Ben Jonson empezó a utilizarlo en sus obras poco después y luego el viejo bardo William Shakespeare también se unió al club. ¡Bum! En el Renacimiento ese era el equivalente a decir que Oprah te ha hecho un retuit. Entonces, la elipsis dio un salto hasta Virginia Woolf y Joseph Conrad. En la actualidad, incluso Adele usó los puntos suspensivos en el vídeo publicitario de su nuevo álbum cuando presentó un adelanto en la televisión británica.

No es broma, la doctora Toner escribió un libro entero sobre la elipsis que llevaba por título *Ellipsis in English Literature: Signs of Omission* [Elipsis en la literatura inglesa: signos de omisión], donde escribió que la elipsis era «una innovación brillante. No existe obra impresa antes [...] que marque las frases inacabadas de esta manera».

¿Frases inacabadas?

¿Qué más es una frase inacabada?

La respuesta es todo.

Todo lo que haces, cada camino que tomas, cada diagnóstico que te hacen, cada muro contra el que chocas, cada contratiempo, cada fracaso, cada rechazo. Todas estas experiencias forman parte de la frase inacabada de la historia de tu vida.

A veces, lo mejor que puedes hacer es aprender a añadir puntos suspensivos... y seguir adelante.

2

¿Qué sucede cuando ves más allá del punto?

Volvamos a Kenia.

En el caso de mi madre, estaba sometida a presiones masivas tanto políticas y culturales como familiares, de modo que mantuvo la boca cerrada y la cabeza baja, en vez de ir contra las normas sociales. Añadió los puntos suspensivos encontrando una forma de tirar para delante. No se afeitó la cabeza ni empezó a fumar en las vías del tren. No, pero mientras la familia colmaba a sus hermanos mayores de elogios, atención y dinero para su educación, ella se unió a sus hermanas en las tareas de barrer suelos, cocinar y lavar la ropa de trabajo.

Para mantener en forma su mente, se sentaba en el porche de su casa y memorizaba los números de matrícula de los coches que pasaban. Necesitaba estímulos mentales. De este modo encontró un espacio seguro donde podía satisfacerlos en silencio.

¿Por qué las matrículas? «Porque no había nada más que memorizar —me dijo un día—. Para mí era un juego. A ver si podía hacerlo». Veía un coche que le era familiar y trataba de adivinar los números desde lejos; se felicitaba a sí misma cuando acertaba uno.

Por la noche, en el rincón de la ruidosa cocina, estudiaba matemáticas bajo luces tenues y miradas de curiosidad. Ninguna de sus hermanas se esforzaba tanto en los deberes. ¿Quién necesitaba estudiar tanto para cocinar lentejas con especias y servir *chai*?

Puesto que tenía siete hermanos más, entre chicos y chicas, todos ellos creciendo y empezando a abandonar la casa, la mayor parte de su educación fue autodidacta. Sus padres no tenían tiempo para leerle libros con ilustraciones antes de irse a la cama o para quedarse hasta tarde diseñando un volcán para la feria de ciencias de la escuela. Eso hubiera resultado ridículo. No, ella tenía una pila de libros de texto, una pila de papel y una pila de lápices. Apáñatelas como puedas. Repite una y otra vez.

Todos sus esfuerzos con los estudios llegaron a un punto culminante en 1963, cuando se presentó al examen estatal reglado con el resto de las alumnas de trece años del país.

¿Y qué sucedió?

Que obtuvo la nota más alta.

¡Del país!

De pronto, aterrizó en sus manos una suculenta beca y fue alejada de su familia para ir a un internado británico para ricos, que se encontraba en el campo, con todas las hijas de los colonos británicos blancos. Era la más joven de siete hermanos y fue la primera en abandonar el hogar para ir a un internado. No importa que fuera por una beca.

Ella añadió puntos suspensivos a su historia a través de su educación. Memorizando las matrículas. Haciendo deberes extra. Siempre después de cocinar y de limpiar.

¿Y luego?

Superó el punto final. Su historia prosiguió.

Pero siempre hay más puntos por delante.

Siempre los hay.

«No me lo podía creer —me dijo—. El internado era el cielo en la tierra. La ubicación era preciosa. Sabíamos que había colegios solo para blancos. Para gobernantes. Pero cuando llegué allí, todas eran muy ricas, llegaban en los mejores coches con chóferes. Aquello me superaba. Estaba asustada. Jamás imaginé que yo iría a un sitio así. Sentía que no estaba a la misma altura que las otras alumnas. Solo quería irme a casa».

¿Cuántas veces has superado un punto y luego has deseado irte a casa?

«Jamás imaginé que yo iría a un sitio así. Sentía que no estaba a la misma altura que las otras alumnas».

¿Cuántas veces has sentido esto? Yo lo siento constantemente. Y al final, ¿te han ascendido? Ahora, te toca empezar en un nuevo trabajo, con un nuevo jefe y una nueva manera de hacer las cosas, y entonces, surge ese sentimiento de querer salir corriendo. ¿Un familiar enfermo mejora? Ahora es el momento de afrontar un futuro para el que siempre dijiste que no tendrías tiempo. ¿Te han concedido el visado? ¡Fantástico! Ahora, ¿cómo te sientes realmente respecto a abandonar tu cultura y a tus ancianos padres para empezar de nuevo?

Cuando superamos el punto, la lucha vuelve a comenzar. Tal vez sueñes con desconectar, con parar antes de empezar, con aferrarte a un gran punto al final de la frase nueva para no tener que seguir moviéndote, luchando, trabajando, probando. Pero es volver a hacer lo mismo de lo que estamos hablando aquí.

¿Y si añades puntos suspensivos y estás abierto a todas las opciones?

Hay poder en dejarnos llevar lentamente por la inercia.

Hay poder en dejar que la historia continúe.

3

«No sé bailar... todavía»

Durante los siguientes años, la vida de mi madre estuvo repleta de padrenuestros, de memorización de versos de Shakespeare y de comer huevos pasados por agua en un rincón de la cantina del colegio. Después de haber hincado los codos, alejada de sus amigas y de su familia, se graduó a los diecisiete años y empezó a sentir que su vida se estaba encauzando, tal como ella había soñado, como que todo estaba encajando lentamente.

Hasta que sonó el teléfono.

Era su padre.

Y le pidió que regresara enseguida.

—Me estoy muriendo —le dijo—. Tienes que hacer algo de provecho.

Falleció en cuestión de días, justo cuando la violencia y la inestabilidad política iban en aumento en el África Oriental. El dictador Idi Amin estaba expulsando a todos los asiáticos orientales de la vecina Uganda y se temía que en Kenia pasaría lo mismo.

Mi madre había añadido los puntos suspensivos cuando era niña, pero ahora que era adolescente se enfrentaba a nuevas pruebas: su padre había fallecido de repente, en su país natal reinaba la inseguridad y esas mismas pesadas presiones culturales ahora recaían sobre mi abuela para reunir una dote como pudiera y encontrarle un marido a su hija.

—Ha sido fantástico que te las hayas arreglado para proporcionarte una buena educación... pero ahora realmente hemos de casarte.

Así que mi madre y mi abuela se marcharon a vivir a Londres, mientras sus hermanos y hermanas mayores se dispersaron y aposentaron en su propia vida familiar. Entonces, mi padre fue a Londres desde Canadá durante unas vacaciones de verano, las familias los presentaron, tuvieron una cita (¡una!) y concertaron el matrimonio para dos semanas más tarde (¡semanas!). ¿Después? Mi madre se fue a casa de mi padre, en un pequeño y polvoriento barrio de las afueras, a una hora al este de Toronto, Canadá.

De pronto, sintió que había llegado a *otro* punto.

La migración de mi madre al otro extremo del mundo se produjo muy rápido. Aterrizó de golpe en ese polvoriento barrio, donde no vivían hindúes, casada de pronto con alguien a quien solo había visto dos veces —incluido el día de la boda—, después de dejar atrás a sus padres, hermanos y hermanas, y amigas, a un océano de distancia.

No puedo imaginarme lo terrorífico que debió de ser para ella.

Otro reto, otro batacazo, otra torcedura en la manguera del jardín, otro lugar que parecía el final de una frase.

Pero ella seguía moviéndose, avanzando, añadiendo puntos suspensivos.

Cuando mi madre llegó a Canadá solo había comido carne unas pocas veces. Mi padre era profesor y empezó a llevarla a las barbacoas que se hacían después de las clases y a las cenas de *roastbeef* del Rotary Club, donde se relacionaban con una docena de parejas blancas. No era fácil conseguir comida india, así que comían carne a todas horas. Y eso era en los barrios de las afueras de la década de 1970. Ser vegetariano significaba sacar los trocitos de beicon de la ensalada César e irte a casa con hambre. ¿Qué hizo mi madre? Adaptarse a la situación.

Cuando llegó a Canadá, jamás había estado en un salón de baile. Jamás había oído hablar de los bailes de salón. Pero la idea que tenía mi padre de la diversión era ir al Club Loreley, al club alemán de la zona, y bailar con ella por la pista. Así que se dejó llevar. Recuerdo que cuando escuché esta historia de pequeño, la interrumpí.

—¡Pero tú no bailas! —le dije.

Y ella me respondió:

—No hacía nada de lo que hacía tu padre. Pero ¿qué se suponía que tenía que hacer? ¿Quedarme en casa sentada? Simplemente, me dije a mí misma: «No sé bailar... todavía».

Le pregunté cómo había podido manejar tantos cambios radicales: país nuevo, marido nuevo, trabajo nuevo, amistades nuevas, alimentos nuevos, pasatiempos nuevos. Parecía que siempre estaba en movimiento. Pero ¿cómo pudo asimilar todos esos cambios tan deprisa?

¿Fue instinto de supervivencia?

Me dijo que simplemente mantenía abiertas todas las opciones. Añadiendo puntos suspensivos al final de la frase. Dejando que las cosas sucedieran para poder avanzar desde una posición fuerte, en vez de dejarse arrastrar por el pensamiento de que se le cerraban todas las puertas.

4

Haz que tus opciones sean infinitas

Un estudio del MIT (Instituto Tecnológico de Massachusetts) ha confirmado el valor de añadir puntos suspensivos.

Los investigadores Dan Ariely y Jiwoong Shin demostraron que la mera posibilidad de perder una opción en el futuro aumenta su atractivo hasta el extremo de que las personas invertirán dinero para conservarla. Tal como dicen en su estudio: «La amenaza de la imposibilidad hace que el corazón lo desee más».

¿Qué quiero decir con esto?

Lo que quiero decir es que por mucho que cueste admitirlo y nos cueste verlo, y sin duda, todavía más hacerlo, en nuestro subconsciente lo que realmente anhelamos es añadir puntos suspensivos.

La vida es un viaje desde las posibilidades infinitas con las que naces —puedes ser lo que quieras, hacer lo que te plazca e ir a cualquier sitio— hasta las cero posibilidades en el momento de tu muerte. De modo que lo que propongo es que el verdadero juego sea intentar mantener esas opciones abiertas el máximo tiempo posible.

Como el campesino del que hablamos en la introducción, hemos de añadir un «el tiempo lo dirá», cuando la vida nos proyecte de golpe hacia la estratosfera o nos envíe chillando como locos al barranco que hay junto a una carretera helada.

Hemos de recordar el músculo de la continuidad y trabajarlo constantemente para seguir avanzando y añadiendo puntos suspensivos...

5

La palabra que propicia el cambio

Añade puntos suspensivos.

¡Como si fuera tan fácil!

Pero ¿cómo? ¿Cómo podemos hacerlo realmente? Cuando nos estamos cayendo, cuando lo estamos sintiendo, cuando levantamos la mirada para ver cómo desaparece la luz que teníamos sobre nuestra cabeza, ¿cómo? ¿Cuál es la herramienta que podemos usar para poner en práctica esta teoría?

Pues bien, todo se reduce a añadir una palabra a nuestro vocabulario.

Es la palabra que oí usar a mi madre una y otra vez durante mi crianza.

La palabra es *todavía*.

Todavía es la palabra mágica que se le debe añadir a cualquier frase que empiece con «no puedo», «yo no» o «no tengo».

¡Espera! ¡Uf! ¿Quién habla así? ¿Quién es tan negativo? Bueno, todos lo hacemos. ¡Lo hacemos! Nos *decimos* cosas sobre nosotros mismos *a* nosotros mismos. ¡Emitimos proclamas!

¿La propuesta ha sido rechazada? «No soy creativo».

¿Me han expulsado del equipo? «No soy bueno en los deportes».

¿Me han salido mal los análisis de sangre? «No me cuido».

Y no es solo cuando nos estamos cayendo.

Nuestro discurso negativo es incluso más insidioso cuando simplemente hacemos cosas corrientes. Cuando vamos haciendo. Cuando nos limitamos a dibujar sobre una plantilla numerada. Cuando saltamos solo dentro de las casillas hechas con tiza.

¿Por qué te casaste si no estabas enamorado?

«Me cuesta conocer gente nueva».

¿Por qué te pones el último lugar de tu lista cuando cuidas de algún ser querido?

«No tengo más remedio».

¿Por qué vas a estudiar Derecho si no te gusta?

«No sirvo para otra cosa».

Hablamos de este modo. Y cada vez que lo hacemos ponemos puntos al final de frases que podían haber tenido una continuidad.

Utilizo la historia de mi madre para demostrar qué fácil hubiera sido para ella parar y rendirse, cerrar el grifo. Es mucho más difícil dejar el grifo abierto. Es aún más difícil añadir un «todavía» al final de una opinión sobre uno mismo.

¿Cómo funciona la palabra mágica en la práctica?

«Me cuesta hacer nuevas amistades... todavía».

«No tengo más remedio... todavía».

«No sirvo para otra cosa... todavía».

«No sé bailar... todavía».

Cuando adquirimos el valor para añadir un «todavía» a nuestras afirmaciones, significa que estamos abiertos a las oportunidades. Al añadir la palabra *todavía* ganamos poder personal. Supone colocar un pequeño interrogante en la certeza negativa a la que tanto nos aferramos mentalmente. Nos permite albergar ambas ideas. La idea de que no podemos. ¡Y la idea de que sí podemos!

Deja la puerta abierta.

Añade un «continuará...».

Cuando era niña, mi madre jamás dio por concluida su historia.

Y con el paso de los años, siguió enfrentándose a muchos retos. La aparición repentina de una enfermedad mental. La muerte traumática de la hermana a la que estaba más unida. Muchos momentos en los que podía haber zanjado cosas con un punto. Pero, por el contrario, optó por los puntos suspensivos.

Este es el primer paso para desarrollar la resiliencia cuando estás cayendo.

La resiliencia es ser capaz de ver ese diminuto rayo de luz entre la puerta y el marco, justo después de que has oído cómo se cerraba.

¿Invitación al baile de graduación rechazada? «No tengo ninguna cita... todavía.».

¿Te han negado un ascenso? «No soy gerente... todavía».

¿El colesterol por las nubes? «No hago ejercicio... todavía».

Mi madre nunca añadió un punto al recién estrenado continente en el que se encontró viviendo a los veintitantos años.

«No me siento en casa... todavía».

Nunca añadió un punto al matrimonio concertado al que la había abocado su familia.

«No conozco a este hombre... todavía».

Nunca añadió un punto al internado donde se le pedía que rezara a un nuevo Dios de una nueva religión, en un idioma que no era el suyo.

«No me siento segura en esta escuela... todavía».

Nunca añadió un punto a ser la quinta hija de una familia que estaba rezando por que fuera un cuarto chico.

«No sé lo que voy a hacer... todavía».

Los contratiempos no mataron su espíritu.

Se limitaba a ver la rendija de luz.

De modo que, cuando sientas que estás cayendo, no termines la frase.

Añade puntos suspensivos...

SECRETO 1

Añade puntos suspensivos

SECRETO 2

Cambia de enfoque

¿**C**uál fue tu primer trabajo a tiempo completo? Yo tuve muchos a tiempo parcial. Repartidor de periódicos. Barrendero de hojas de árboles. Cuidador de niños. Contador de píldoras en la farmacia de mi primo. ¡Me concentré haciendo esos trabajos! Dominé el arte de lanzar paquetes de periódicos sujetos con gomas en los porches, de barrer hojas creando grandes montañas y de jugar con los niños en la calle mientras me comía todas sus Cheese Strings.*

Pero ¿cuál fue mi primer trabajo a tiempo completo?

Pues bien, me contrataron como gerente de marca para Covergirl y Max Factor dentro del supergigante de los productos de consumo Procter & Gamble.

O P&G, como lo llama todo el mundo.

Mi primer trabajo después de licenciarme.

Y fue un completo desastre.

Tuve que tomar un autobús y dos trenes para llegar a la oficina el primer día. Recuerdo que tenía veintidós años y caminé desde la estación de metro contemplando el opulento monolito blanco de P&G, perfectamente erigido en la cima de una gran colina, que

---

* N. de la T.: Marca registrada. Paquetitos de queso cheddar en tiras, especialmente diseñado para niños.

apuntaba hacia las nubes y proyectaba su sombra sobre la transitada autopista y más allá de esta.

Era un recién licenciado con miedo, entusiasmo y energía nerviosa, pero también un poco arrogante. P&G nos había sometido a mí y a miles de candidatos a un examen de matemáticas y lengua, tuve que rellenar una larga solicitud por Internet, asistir a una cena multitudinaria con el resto de los candidatos, hacer una primera entrevista con varios supervisores e irme de excursión a la gran ciudad al más puro estilo de *American Idol*. No, no lloré de felicidad delante del espejo, mientras mi madre me colocaba una bandana en la cabeza,* pero la empresa me pagó el billete de tren en primera, el vino y la cena, y luego me hizo subir a un escenario delante de un jurado para otra entrevista exhaustiva.

Entonces, ¿por qué arrogante?

Porque cuando me contrataron, los seleccionadores me dijeron: «Hemos visitado docenas de campus, hecho un montón de entrevistas, llevado a un grupo de personas a nuestra oficina central, y te hemos contratado... a ti. Eres el único licenciado que hemos contratado a tiempo completo este año que no ha trabajado aquí en verano como interino».

«¿Por qué yo?», me preguntaba. Yo era una persona más o menos del montón. En la universidad había muchos alumnos que estaban muy por delante de mí en la lista del decano y que se graduaron con honores. No fue mi caso. Nunca logré ninguna marca académica. Era el muchacho que no destacaba en nada.

Pero P&G lo veía de otro modo. «Estamos buscando personas *polifacéticas*, no solo cerebrines. Nuestro proceso de selección

---

* N. de la T.: Accesorio favorito de cantantes famosos en Estados Unidos. Las bandanas ganaron popularidad sobre todo entre los raperos estadounidenses más exitosos, quienes reivindican que estas representan un patrimonio cultural heredado de los esclavos de origen africano. Es probable que la alusión al espejo, la bandana y la madre haga referencia a alguna escena conocida del programa que se menciona.

es tan exhaustivo que eliminamos a todo el mundo. Bueno, a *casi* todo el mundo».

Hice cálculos por encima y me di cuenta de que la empresa había invertido mucho más de seis cifras en contratar a un novato. Y había visto las nóminas que mi facultad había publicado para que supiéramos cuánto ganábamos mis compañeros graduados y yo. Los licenciados en *marketing* ganaban de veinticuatro mil a cincuenta y un mil dólares.

Y mi salario inicial era de cincuenta y un mil dólares. ¡Eso significaba que era el licenciado en *marketing* mejor pagado en mi primer año! Estaba en la cima de la escala salarial.

Eso sin contar con el incentivo de entrada en la empresa, cuatro semanas de vacaciones y otros muchos extras que ni siquiera podría usar.

¿Extras? ¿Qué extras?

Auténticas locuras.

Me refiero a la visita de dos *ergonomistas* vestidos de blanco para asegurarse de que las rejillas de la calefacción y refrigeración estaban bien posicionadas, que mi mesa y mi teclado se encontraban en la posición correcta y que el reposapiés que tenía debajo de mis baratos zapatos de vestir tenía la inclinación ergonómica adecuada. Me enseñaron el funcionamiento de un botón de mi teléfono que podía pulsar para conectar con un departamento de P&G *en Costa Rica*, y de otro para que pudiera cambiar la temperatura de mi despacho siempre que quisiera. ¿Ortodoncia? ¿Terapia? ¿Plantillas para los zapatos? ¡Todo pagado! Incluso tenía asignados dos mil dólares anuales para masajes, con tres masajistas terapéuticos que trabajaban a tiempo completo todos los días, *en nuestras instalaciones*. «Por favor —decían—, déjanos masajearte esos nudos que tienes en la espalda entre reunión y reunión, siempre que podamos».

El primer día entré en el vestíbulo de la compañía sintiéndome como Charlie Bucket* con su entrada de oro.

Conocí a Stacey, mi supervisora, en el vestíbulo. Llegó media hora tarde y se disculpó mientras tomábamos el ascensor para ir a mi nuevo despacho. Al salir del ascensor nos encontramos con una enrevesada zona de cubículos, que parecía uno de esos laberintos para los ratones de laboratorio, en los que han de encontrar el queso. Hombres con el ceño fruncido, camisas de vestir impecablemente planchadas y pilas de papel que habían recogido en la fotocopiadora *pasaban corriendo por mi lado*. Paredes de cristal por todas partes de la planta dejaban ver una vista de postal, con los exquisitos valles verdes, los impresionantes rascacielos del centro de la ciudad y el deslumbrante lago azul del fondo.

Me enseñó mi despacho, que estaba equipado con un ordenador portátil unido a un replicador de puerto con un candado. Stacey me pilló mirando el candado sorprendido. «No te preocupes, fijamos el ordenador a la mesa, no a tus tobillos. El espionaje y los cazatalentos están a la orden del día en esta industria. La competencia ha revisado nuestros contenedores de basura. Nos tomamos la confidencialidad muy en serio», me dijo.

Me entregó una cajita de tarjetas de visita, para recalcar ese punto; en ellas solo había escrito mi nombre, el nombre de la empresa y el número de teléfono general.

Ni cargo, ni dirección de correo electrónico, ni teléfono directo, nada.

Me sentí como si fuera un asesino.

«No ponemos tu cargo o información de contacto en tus tarjetas comerciales porque los cazatalentos intentan trazar nuestro organigrama. Y si aparecieran esos datos en las tarjetas, estarías

---

* N. de la T.: Protagonista infantil del cuento *Charlie y la fábrica de chocolate*.

recibiendo llamadas todo el día. Todo el mundo sabe que trabajar para P&G es *la* puerta para acceder a cualquier otro trabajo de *marketing* en el mundo. Nuestros recepcionistas están entrenados para reconocer a los cazatalentos y a la competencia, así no tendrás que preocuparte por ello mientras estás trabajando».

El chiste que había oído respecto a convertirte en un «proctoide» empezaba a cobrar sentido. Cuando les conté a mis viejos amigos que trabajaba en Procter & Gamble, me describieron a los empleados de la empresa como hermosos androides supertriunfadores, con una sonrisa que dejaba al descubierto unos dientes perfectos, siempre agradables en las reuniones, que entrenaban en el gimnasio, comían alimentos supersaludables y escribían todos igual; incluso llevaban el mismo tipo de ropa.

Proctoides.

El siguiente acontecimiento en mi primer día fue «el desayuno con el presidente». Me senté con el presidente de la compañía y con todos los empleados que regresaban a sus puestos de trabajo después de sus prácticas de verano. Mientras nos movíamos entre las mesas compartiendo nuestras experiencias, me di cuenta de que yo era el único novato total.

Luego llegó la hora del discurso del presidente. Era un hombre atractivo y refinado, de unos cincuenta años, con una abundante y ondulada melena negra.

Habréis observado que todos los presentes os acabáis de graduar en las mejores facultades de Ciencias Empresariales. Son los únicos perfiles que contratamos. Tenemos una política empresarial de promocionar desde dentro. No contratamos a personas con dos, cinco o diez años de experiencia. Solo a personas sin experiencia. Queremos que hagáis carrera entre nosotros. De hecho, os *necesitamos* para triunfar. Si fracasáis significa que hay una burbuja de aire en nuestro sistema de contratación. Así es como funcionan aquí las cosas. La mitad de vosotros seréis ascendidos al siguiente nivel en dos o tres años. De esa mitad, la mitad ascenderá al siguiente nivel. De *esa mitad*, la mitad ascenderá al siguiente nivel. Y así sucesivamente. Hace veinte años, yo empecé desde donde estáis vosotros ahora.

El personaje imponía. Todos queríamos ser como él.

Era evidente que éramos jóvenes, novatos y moldeables.

Era evidente que se trataba de una verdadera oportunidad, como la de Charlie Bucket.

Lo que no estaba claro era que yo me iba a dar de narices.

Una vez hubieron terminado todas las reuniones introductorias y los talleres para escribir correos electrónicos, empecé a familiarizarme con el lugar.

Aunque no lo pusiera en mi tarjeta, mi cargo era gerente de marca para maquillaje de Covergirl y Max Factor. Era responsable de toda la marca Max Factor, de volumen bastante reducido, y de la categoría gigante de ojos y labios de Covergirl.

¡Ojos y labios!

Suena a carnicero de segunda en una mala zona de la ciudad.

¿Qué hace un gerente de marca? Pues bien, yo era el supervisor de la marca. Tenía que decidir dónde hacer la publicidad, la cantidad de anuncios, el precio de los productos, cuándo era el momento adecuado para introducir o retirar esos productos.

¿Cómo se suponía que tenía que hacerlo?

Buscando datos de un sinfín de fuentes diferentes, traspasándolos a las gigantescas hojas de cálculo de Excel y creando gráficos y tablas que terminaban convirtiéndose en listas de viñetas en los famosos documentos internos de P&G conocidos como «recomendaciones de una página».

Por ejemplo, si quería recomendar descartar los anuncios en papel a favor de más anuncios en la Red, para ello tenía que pasarme dos semanas buscando todos los datos históricos de ventas de la publicidad impresa y de las campañas de publicidad en Internet, cruzar datos y hacer extrapolaciones estadísticas para demostrar que cada dólar invertido en anuncios *online* podía suponer tres dólares de ganancias en ventas respecto a los dos dólares que aportaría cada dólar invertido en publicidad en papel. Entonces transcribía todas mis conclusiones en ese documento de una sola página y dedicaba otro par de semanas a presentarlas en reuniones hasta conseguir que los altos cargos dieran su visto bueno.

Para hacer todo eso, tenía que quedarme en el trabajo hasta las diez de la noche. Además, esto incluía una misión de reconocimiento, como si fuera un delincuente. Ben, un compañero de trabajo y yo, nos íbamos a la tienda que teníamos al lado y anotábamos en secreto los precios de todos los productos que había en los estantes, luego regresábamos y los traspasábamos a las hojas de cálculo de Excel.

—Tienes que hacer esto para cada minorista del país —dijo Ben.

—¿Cuánto tiempo suele llevar?

—Tal vez un par de semanas si lo haces cada noche. Puede que tengas que desplazarte lejos o hacer llamadas a personas de otras ciudades. También has de extraer todos los costes y costes históricos de todos los artículos de este sistema de datos arcaico, que es francamente confuso y, muchas veces, no incluye todos los datos que necesitas.

Yo pensaba que el *marketing* supondría presentar trabajos en Powerpoint.

Gráficos, imágenes e ideas.

Pero era un trabajo de Excel.

Recopilar datos, escribir fórmulas y hacer números.

Al poco tiempo de estar allí, me quedé bizco de tanto fijar la vista en la pantalla. Nunca pude extraer los datos correctamente. Era nefasto encontrando errores en hojas de cálculo de quinientas filas y las peticiones se acumulaban en mi bandeja de entrada al triple de velocidad que podía responderlas, lo cual me provocaba un estado de ansiedad constante y un sentimiento de impotencia.

Mi diálogo interior negativo se amplificó. Todo giraba en torno a mí. Cada frase empezaba con: «Soy nefasto», «No soy capaz» o «No puedo». No nos damos cuenta de con qué naturalidad se presentan estos momentos de autoflagelación cuando estamos empezando a caer.

Las cosas no tardaron en empeorar.

Fui a una reunión con Tony, el jefe de mi supervisora, donde me puso a prueba preguntándome sobre algunos elementos del próximo lanzamiento del pintalabios Outlast de Covergirl, en el que andaba un poco despistado.

—¡Cuento con que estás al corriente de las cifras! —me advirtió.

—Pero hay quinientos artículos y yo no sé sobre cuál me va a preguntar. Son demasiados para memorizarlos.

Me lanzó una mirada fulminante. A partir de entonces, empecé a trabajar por las noches y los fines de semana. Creía que el problema era yo. Era evidente que no trabajaba bastante. Es el equivalente a golpearte los brazos y las piernas para nadar más rápido.

Cuando empecé a trabajar los fines de semana, me sorprendió ver que el aparcamiento estaba lleno de coches deportivos, mientras los empleados estábamos dentro, cuadrando hojas de Excel en un intento de averiguar dónde sería mejor anunciar el nuevo desodorante o si sería más conveniente dejar de fabricar papel higiénico de una hoja a favor del de tres hojas.

Parecía un problema de tiempo.

Parecía que era mi problema.

Para aquellos que lo hayáis experimentado, sabréis que se produce una profunda sensación de vacío en el estómago cuando vas a trabajar con la impresión de que no haces bien tu trabajo. Esa es la parte que no vemos cuando observamos que alguien no está haciendo su trabajo. Nos perdemos el hecho de que *tampoco le gusta lo que hace.*

Nadie se levanta de la cama con el deseo de hacer mal su trabajo.

Te sientes fatal cuando lo haces mal y lo sabes.

No es lo mismo que ser nuevo y estar aprendiendo. Tampoco es como cuando sientes que no te están tratando bien o que el sistema va a por ti.

A lo que me estoy refiriendo es a ir a trabajar el lunes por la mañana sintiéndote un fracasado. Con el sentimiento de que justamente lo que se supone que has de hacer es lo que deseas desesperadamente ser capaz de realizar y que harás lo que haga falta para llevarlo a cabo bien, pero, al mismo tiempo, sabes que nunca lo conseguirás.

Llenaremos nuestra mente de mensajes inspiradores que nos animen al «¡simplemente, hazlo!» o «¡sigue tu corazón!», pero cuando no podemos hacer algo o reconocemos que no somos buenos en algo, sentimos que estamos en un callejón sin salida. Si lo dejamos, es un problema («¡Simplemente, hazlo! *¡No te rindas!*»), y si seguimos con ello, también es un problema («¡Sigue tu corazón! *¡Haz lo que te gusta!*»).

Lo cierto es que la industria de la autoayuda puede ser bastante tóxica y aportar una increíble cantidad de consejos contradictorios. Las contradicciones no nos benefician demasiado cuando sentimos que estamos congelados en carbonita, como Han Solo.

Brazos arriba, boca abierta, cejas contraídas.

Totalmente incapaz de moverse.

Empecé a padecer bruxismo nocturno, a dar vueltas en la cama por la noche y a despertarme con una sensación de miedo en el estómago.

Estaba empezando a elegir mentalmente el reparto de una obra llamada *Muerte de un trabajador de cubículo*. Yo interpretaba el papel de protagonista en el centro del escenario, mirando atónito a la audiencia a medida que se subía el telón de terciopelo rojo.

Y luego el foco se encendía.

Me daba en los ojos.

En la cara.

En mi fracaso.

1

¿Quién fracasa peor y qué podemos hacer al respecto?

L a investigadora en psicología Marisen Mwale, de la Universidad Msuzu, de Malaui, realizó un estudio sobre la percepción de las causas del fracaso entre adolescentes que eran grandes triunfadores y los que no lo eran.

Como sucede con muchos buenos estudios, confirmó lo que la mayoría sospechábamos: todos fracasamos. Lo sabemos. Pero ¿qué sucede cuando fracasan los *grandes triunfadores*? Lo has adivinado. Fracasan peor, mucho peor que los no triunfadores.

«Es culpa mía –piensan–. He fracasado; a pesar de que me he esforzado mucho, no he sido lo bastante bueno». O: «He fracasado porque *yo soy* el problema».

¿Qué pasa con los no triunfadores? Estos suelen achacar la culpa a la mala suerte o a la dificultad de la tarea. Seguro que gimotean más, pero también es más probable que reconozcan sinceramente que ha sido el sistema el que no les ha permitido triunfar. Son más compasivos consigo mismos. Admiten que hay factores que se escapan a su control y que pueden afectar a los resultados.

A medida que aumentan los riesgos, las reglas son cada vez más estrictas y la presión sobre el rendimiento es más asfixiante, existe la posibilidad real de que cada vez haya más personas que pasen a la categoría de gran-triunfador-duro consigo mismo. ¿Tal vez ya lo eres? Yo lo soy.

Entonces, ¿qué podemos hacer al respecto?

Bueno, algo que podemos hacer es esto: podemos hablar más de ello, compartir nuestros fracasos, pedir ayuda y sacarnos de encima el brillo de la perfección.

¿Por qué? ¿Qué efecto tendrá esto?

Bien, Karen Huang, Alison Wood Brooks, Ryan W. Buell, Brian Hall y Laura Huang, de la Escuela de Negocios de la Universidad de Harvard, publicaron un trabajo denominado «Mitigating Malicious Envy: Why Successful Individuals Should Reveal Their Failures?» [Mitigar la envidia maliciosa: ¿por qué las personas con éxito deberían revelar sus fracasos?]. Su estudio reveló que hablar de los errores nos humaniza. ¡Por supuesto que sí!

Cuando te digo «¡vaya, tío, la he cagado!», parezco normal, real, alguien con quien se puede hablar. Entonces, ¿qué sucede? Bien, las relaciones interpersonales mejoran cuando sentimos empatía por nuestros mutuos fracasos. Y ¿sabes qué más? Esta es la parte divertida: aumentan los niveles de *envidia benigna* en los demás.

¿Qué es la envidia benigna?

Es la envidia buena. Lo contrario de la envidia maliciosa. La envidia que motiva a los demás, que hace que estos te vean como un modelo a seguir. Esta envidia es contagiosa de una forma positiva. Motiva a los demás a mejorar su rendimiento.

Así que la próxima vez que metas la pata y tengas la tentación de ocultarlo, recuerda que no le harás ningún bien a nadie. Comparte, lárgalo todo, invita a los demás, porque de este modo sentirán empatía por ti y seguirán creciendo.

2

Crees que no encajas, pero no es cierto

¿Qué sucedía en P&G?

¿Qué estaba pasando en esa espiral?

El problema era que pensaba que todo giraba en torno a mí.

Proyectaba mi rendimiento, mis resultados y mi formación en la gran pantalla de mi mente, con grandes y desagradables subtítulos, como: «Soy nefasto en mi trabajo», «Les estoy fallando a mis jefes» o «Estoy haciendo perder dinero a la compañía».

¿Recuerdas el estudio de los grandes triunfadores?

Yo me culpaba de todo. Me estaba diciendo que el problema era yo.

El problema es que cuando hacemos esas proyecciones autolesivas, nos las creemos.

Nuestra mente está tan afilada que puede destrozarnos.

Para demostrarte lo peligroso que es esto, veamos un estudio realizado en 2013, llamado «Too Fat to Fit Through de Door» [Demasiado gorda para pasar por la puerta], de Anouk Keizer y un grupo de colaboradores de la Universidad de Utrech, en Holanda.

Los investigadores observaron cómo mujeres con anorexia y sin anorexia pasaban por una puerta, mientras les pedían que hicieran una sencilla tarea que las distraía de prestar atención a su cuerpo. ¿Qué sucedió?

Las anoréxicas encogían los hombros hacia delante y se arrimaban hacia uno de los lados de la puerta mucho más que las no anoréxicas. Aunque tuvieran mucho espacio, pensaban que eran demasiado gordas para pasar por ella.

¿Estoy insinuando que tienes anorexia? ¿Te estoy diciendo que sufres un trastorno alimentario? ¿Que padeces una enfermedad mental? No, no, no, nada de eso. ¿A qué me estoy refiriendo?

Tu autoimagen puede estar proyectándose hacia afuera en formas de actuar que potencialmente no tienen ningún sentido.

Especialmente, si eres duro contigo mismo como lo soy yo.

¿Por qué puertas estás intentando pasar, en estos momentos, estrujándote?

¿Sabes qué?, pasas perfectamente bien. Probablemente el problema no seas tú.

¿Y qué me dices de nuestro entorno moderno?

¿Contribuye a evitar que nos separemos de los desafíos a los que nos enfrentamos? ¿Hace que creamos que es culpa nuestra?

Sí, sí, sin lugar a duda.

Vivimos en un mundo donde las tuercas están muy apretadas. El capitalismo engloba a las personas en una especie de faja reductora que se asegura de que todo encaje mejor, de que seamos más felices y más productivos. Pero, a veces, el estrés que eso nos ocasiona se dispara.

Nadie en P&G me dijo nunca: «Esto te va a llevar tu tiempo, Neil» o «Es normal que durante los primeros seis meses te sientas como si no supieras nada» o «Vamos a solventar algunos fiascos de tu sistema para que puedas aprender a hacerlo».

No, nadie fue tan permisivo. ¡No se lo podían permitir! En nuestro mundo ya no hay espacio para la tolerancia. Ya no hay lugar para ser paciente con alguien y enseñarle paso a paso, dejando que esa persona cometa pequeños errores para que pueda aprender de ellos. ¡Vamos tan rápido en nuestras carreras que necesitamos pasar el testigo a una superestrella que esté en plena forma desde el primer día!

Ahora bien, esto no significa que los supervisores de P&G fueran crueles. No, en absoluto. Lo que quiero decir es que tenían el listón muy alto y necesitaban que los ayudase. ¡Rápido! Las tuercas también les apretaban a ellos.

No es de extrañar que mientras estás fracasando sea tan difícil aprender la lección de que eres normal, absoluta y perfectamente normal. Y que tal vez no sea culpa tuya. No sea culpa tuya. No sea culpa tuya. ¿Por qué nos cuesta tanto aprenderlo? ¡Porque nadie nos lo dice! Ni los mensajes que recibimos por Internet, ni el mundo en que vivimos, ni nuestros jefes en el trabajo. De modo que siempre creemos que somos los responsables. Cuando fracasamos nos clavamos la punta de un cuchillo en el estómago y lo retorcemos.

¿Qué es lo que nos estamos haciendo?

Un estudio publicado en *Psychological Bulletin*, en 2016, afirmaba en su título que «Perfectionism Is Increasing over Time» [El perfeccionismo aumenta con el tiempo]. En dicho estudio, los investigadores Thomas Curran, de la Universidad de Bath, y Andrew P. Hill, de la Universidad York St. John, ambas en Reino Unido, manifiestan que «las últimas generaciones de jóvenes tienen la percepción de que los demás les exigen más, exigen más a los demás y se exigen más a sí mismos».

Deseamos con todas nuestras fuerzas ser perfectos.

Lo cual hace que nuestros fracasos nos duelan todavía más.

3

No exageres. No agrandes. No amplifiques

Al cabo de un par de meses más en la empresa, me colocaron en un plan de mejora de rendimiento (*Performance Improvement Plan*: PIP). Básicamente, es un documento detallado que dice: «¡Queremos despedirte, pero nos faltan pruebas documentales, así que elaborémoslas juntos!».

Mi respuesta a ser incluido en ese PIP no fue muy buena. Me enfadé, peleé y lloré en contra de todo eso. Actué de formas que hoy lamento, como hablar mal de mi jefa, ser desagradable en la correspondencia electrónica y elucubrar sobre posibles formas de despido con mis amigos en Messenger.

«Dales una patada a todos los archivadores —me aconsejó mi amigo Joey—. Lanza la planta de alguien por la ventana».

Ahora me doy cuenta de que mi ira surgía de una profunda decepción conmigo mismo.

Esa era la emoción básica.

Pensaba que yo era una mierda. Y no me gustaba. Así que despotricaba. Culpaba a los demás. Y ponía a punto las ruedas para mi espiral invertida, porque, ahora, además de mis malos resultados, me había convertido en una persona insoportable con la que trabajar.

Hemos de recordar que, a veces, el compañero de trabajo «enfadado y poco productivo» empezó siendo esto último... y nadie lo ayudó.

Recuerdo que, muchos años después de haber dejado P&G, me encontraba en una sala de juntas de otra empresa.

Un puñado de ejecutivos estaban analizando a otro directivo que sacaba muy malos resultados. Una vez concluido el festín y con el directivo al borde de las lágrimas, el presidente dijo algo desde un extremo de la sala, que jamás olvidaré. Movió un poco la cabeza, pero no era un gesto dirigido al amonestado, sino a su equipo ejecutivo, que acababa de despellejar al pobre desgraciado. Todos guardaban silencio y pronunció un par de frases profundas.

«No necesita saber que lo hace mal. Necesita que le enseñen a hacerlo bien», dijo.

Y esa es la raíz del asunto.

En P&G, las cosas fueron de mal en peor. Hice uso de los extras que nos daba la empresa y fui al dentista a que me tomara medidas para hacerme una férula de descarga, porque padecía tanta ansiedad que apretaba los dientes mientras dormía. Seguía trabajando por las noches y los fines de semana con la esperanza de que se me encendiera la bombilla de repente, me convirtiera en un mago de los números y diera abasto a responder los correos. Mi jefa me enviaba correos con asuntos como «Hola Neil, petición rápida de cinco minutos-se necesita respuesta»; entonces, tardaba tres días en hacer el análisis para poder responder a su petición y observaba cómo registraba mi actuación en el plan de mejora de rendimiento.

«Tardaba tres días en realizar una petición de cinco minutos».

Estaba totalmente perdido en mi incompetencia en todo lo que hacía y empezaba a extrapolar mentalmente ese dolor. Sentía como si mis compañeros de equipo, mis jefes y la empresa me estuvieran observando con ojos de decepción y lástima, viendo cómo mi costosa carrera se precipitaba por el vacío y acababa convirtiéndose en una enorme bola de fuego.

Me decía a mí mismo que si todo el mundo se enteraba de que había fracasado en ese trabajo, la carrera de *marketing* quedaba descartada de mi vida. Mi siguiente posible empresa llamaría a mis jefes de P&G, que le dirían que era un desastre. Y yo me decía que puesto que la asignatura de *Marketing* era la que se me daba mejor en la facultad, no habría ninguna otra opción para mí. Me decía a mí mismo que no podría conseguir ningún otro trabajo de oficina y que si me quedaba sin trabajo en una empresa, también estaba abandonando el lugar donde posiblemente conocería a mi futura esposa, porque las empresas están llenas de jóvenes con una buena formación.

No tendría comunidad. No habría gente como yo. En ninguna parte. Punto.

Me imaginaba a los cincuenta y cinco, peinándome el pelo hacia atrás con brillantina, vendiendo aparatos de DVD en una feria de Cleveland, intentando congeniar con vendedores o vendedoras peculiares en la barra del bar del hotel, antes de tirar la toalla e irme a la habitación para masturbarme patéticamente, sobre unas raídas sábanas blancas, rodeado de las bandejas de metal del servicio de habitaciones, con restos de sándwiches club y patatas fritas, delante de un viejo televisor y viendo reposiciones de la serie animada *ALF*.

Cuando las cosas no nos salen como esperábamos, tendemos a exagerar la magnitud de nuestros problemas. ¡Los engrandecemos! ¡Los volvemos catastróficos! Vemos la puerta demasiado pequeña como para pasar por ella. Sentimos que todo el mundo está pendiente de nuestra ineptitud. ¡Damos por hecho que la pesadilla solo va a ir a peor!

Pero ¿y si estamos equivocados?

4

El efecto *spotlight*

Allá por el año 2000, se puso de moda una expresión en el campo de la psicología, gracias a la revista *Current Directions in Psychological Science*. Los psicólogos Thomas Gilovich y Kenneth Savitsky acuñaron la expresión *efecto spotlight* ('efecto foco').

¿Qué es el efecto *spotlight*?

Es el sentimiento de que todo el mundo nos mira, vigila, observa y, lo más importante, nos *juzga*, más de lo que sucede en realidad. Puesto que somos el centro de nuestro propio universo, creemos que también lo somos del de los demás.

Gilovich, de la Universidad Cornell, formó equipo con Justin Kruger, de la Universidad de Illinois, en Urbana-Campaign, y con Victoria Mevec, de la Universidad del Noroeste, para profundizar en el efecto *spotlight*. Seleccionaron un grupo de alumnos de Cornell y les pidieron que valoraran sus habilidades ante los ojos de los demás en tres áreas: aspecto físico, logros deportivos y su habilidad para los videojuegos.

¿Sabes una cosa? Los participantes siempre sobrevaloraban el grado en que sus puntos fuertes y sus debilidades eran percibidas por los observadores. ¿Era eso relevante? ¡Sí! Los investigadores dijeron que el miedo a ser juzgados podía contribuir a la ansiedad social y a arrepentimientos constantes.

Si pensamos que el foco está siempre sobre nosotros, cuando no es así, ¿cuál es la moraleja?

Es muy sencillo.

Cambia el enfoque.

Recuerda que estás convencido de que el foco te está iluminando y que el público que está a la sombra te está mirando, observando y esperando.

Pero no es así.

Entonces, ¿cómo puedes cambiar mentalmente el foco y alejarlo de ti?

Tim Urban escribe el blog que tan popular se ha hecho *Wait but Why* [Espera, pero por qué], y uno de sus *posts* más compartidos es «Taming the Mamoth: Why You Should stop Caring What Other People Think» [Domar al mamut: ¿por qué ha de dejar de importarte lo que piensen los demás?]. Solo por el *post* ya merece la pena, pero también añade dos viñetas hacia el final que me hicieron reír a carcajadas al reconocer el tema que ahora nos ocupa.

La primera viñeta muestra *cómo pensamos que son las cosas*.

Nos representa con figuras de palitos rodeados de multitud de personas mirándonos. ¡Así es como pensamos que son las cosas! Es el efecto *spotlight*. La leyenda dice: «Todos están hablando de mí y de mi vida, imagina cuánto hablarán si me atrevo a asumir este riesgo o excentricidad».

La segunda viñeta muestra *cómo son las cosas en realidad.*
¿Y cómo son?
Así:

La leyenda debajo de la segunda viñeta dice: «A nadie le preocupa demasiado lo que estás haciendo. La gente está demasiado absorta en sí misma».

Creemos que hay un foco sobre nosotros.

Pero no es así.

Cuando fracasamos pensamos que todo el mundo nos está mirando. ¡Creemos que todo gira en torno a nosotros! Fracasar en un trabajo significa quedar sometido al escarnio público y dormir rodeado de bandejas de sándwiches club o dormir en una caja de cartón en la calle. Una mala ruptura implica que nunca más volverás a tener una relación. Una solicitud rechazada para estudiar en una universidad significa claramente que eres un cabeza hueca, cuya vida está a punto de bloquearse en un mundo agotador, donde todos se esfuerzan por obtener un salario mínimo.

Tomamos finos hilos de preocupaciones, los extrapolamos y los convertimos en grandes problemas poniendo siempre en juego toda nuestra identidad.

Cuanto más jóvenes somos, más lo hacemos, puesto que tenemos menos experiencia que nos ayude a comprender que, normalmente, las cosas, al final, suelen salir bien. Una vez que has superado una ruptura traumática, la siguiente vez te lo tomas mejor. Una vez que has superado tres, te lo tomas mucho mejor. Cuando fracasas en un trabajo, en el siguiente eres más fuerte.

Pero ese primer fracaso es francamente terrible.

5

¿Cómo puedes cambiar la dirección del foco?

D ejé de trabajar en Procter & Gamble.
Lo hice en un intento de salvaguardar un poco mi dignidad.

A medida que mi plan de mejora de rendimiento seguía llenándose de *pruebas documentales*, sabía que el despido era cuestión de semanas. Pero no podía afrontar emocionalmente la idea de que me despidieran. Así que le di a la empresa lo que creía que estaba deseando... y me marché.

Después de haber superado todas las pruebas de fuego del proceso de contratación, conseguir un suculento salario y dejar que mi ego se inflara, abandoné el trabajo de mis sueños en la empresa estrella. Le dije adiós a mi cheque mensual, a los masajes, a trabajar con personas de mi edad y a mi elegante identidad corporativa. Lo tiré todo por la borda y me sentí enfermo, horrible, decepcionado, incómodo y avergonzado de mí mismo.

Como he dicho: *ese primer fracaso duele mucho.*

En aquel entonces no podía ver, ni pude verlo en los diez años siguientes, que mi fracaso en P&G me ayudó a soportar mejor la incomodidad. Me ayudó a descubrir el sentimiento de hacerlo mal en el trabajo y aprender a *lidiar con ello*, a esquivarlo, a tenerlo a mi lado, pero no *dentro de mí* para siempre.

¿Cómo cambiamos la dirección del foco?

Hemos de ser conscientes y recordar que nos cuesta muy poco interiorizar algo. Autoflagelarnos. Dirigir la daga a la boca de nuestro estómago. Dejar que la luz del foco nos dé directamente en los ojos. Pero hay una gran parte de nuestra resiliencia, de recordar que somos increíbles, que está realizando este imprescindible distanciamiento mental.

«Oh, espera. Estoy pensando que tengo la culpa de este fracaso. Me estoy dirigiendo el foco a mí mismo. Estoy acaparando toda la culpa».

Para. Distánciate. Recuerda.

Es muy egotista pensar que todo gira en torno a ti.

Contémplalo desde esta perspectiva. ¿Por qué? Porque es cierto. ¡Reflexiona sobre qué otros factores más hay implicados! Reflexiona sobre cuántos factores están fuera de tu control. ¿Te han rechazado la solicitud para la universidad que querías? Bueno, puedes machacarte si quieres. ¡Deslumbrarte dirigiendo el foco hacia ti! O recordar que la universidad tiene un montón de buenos candidatos. Números. Cupos. Camas. Tiene encargados de admisiones que son humanos y que pueden tener días malos o preferencias inconscientes, o saber mejor que tú si vas a encajar en dicha universidad.

Es egotista, arrogante y engañoso pensar que eres el centro de todo. Cambia la dirección del foco recordando que no siempre es algo personal y que pensar que lo es supone un acto de arrogancia.

Entonces, ¿qué has de hacer?

Lidiar con ello. Trabajarlo.

Dejarlo a tu lado, no dentro de ti

No es por ti. No es por ti. No es por ti.

Has de cambiar de enfoque.

¿Por qué?

Porque te queda mucho trabajo por hacer.

Y no podrás hacerlo hasta que hayas cambiado ese enfoque.

SECRETO 2

Añade puntos suspensivos

▫

Cambia de enfoque

SECRETO 3

Considéralo un peldaño

L a conocí en el concierto de los Pixies. Yo tenía veinticuatro años y los dos estábamos con amigos mutuos moviendo los pies y coreando a la banda de *rock*, en la parte posterior de un almacén, cerca del aeropuerto, en una cálida noche de otoño.

—¡Es mi canción favorita! —gritó ella mientras sonaban los acordes de guitarra de «Wave of Mutilation» [Ola de mutilación]—. ¡Del álbum *Pump Up the Volume,* de cuando era niña!

Un par de fiestas ruidosas más, y nos separamos del grupo para tener ese tipo de citas lentas y soñadoras, con largas conversaciones, sonrisas profundas de complicidad, y en las que teníamos que decirle a la camarera, una y otra vez: «Perdón, todavía no hemos mirado la carta».

Ella comía helado para desayunar y pasta *gourmet* para cenar. Era un alma vieja con valores de antaño, se sentía completamente a gusto consigo misma: igual se comía un trozo de *pizza* fría en una servilleta de papel como se ponía de punta en blanco para codearse con quien fuera en algún acto social, durante una festividad importante.

Segura de sí misma y fuerte como un buey, era una atleta nata que jugaba en el equipo de baloncesto de octavo curso, cuando tan solo estaba en quinto. De entrenamiento en entrenamiento, de equipo en equipo, aprendió a ser buena jugadora, a perder con elegancia y a cenar en el coche.

Desde los diez años había deseado ser profesora. Cuando se licenció en Magisterio, se integró en el sistema de enseñanza público y puesto que estaba en una escuela para personas con discapacidad en el aprendizaje, dedicó horas a dominar los temas de la higiene, la protección y el qué diantres voy a hacer cuando termine el instituto.

Con un montón de llaves colgadas del cuello y moratones del tamaño de una ciruela en los tobillos, llegaba a casa sudada y quemada por el sol después de jugar al voleibol y se pasaba las tardes preparándose las lecciones de matemáticas y horneando galletas para los cumpleaños o salía a ver a «sus hijos», como ella los llamaba, para verlos jugar al béisbol con sus equipos municipales en los campos de béisbol locales.

El amor recién estrenado te impulsa como una droga y te da una energía que no sabías que tenías. Después de dejar P&G no tenía ni idea de a qué dedicarme, y monté un restaurante de sándwiches con mi padre en mi ciudad natal. Envié algunas solicitudes para volver a la facultad, pero realmente sentía que tenía que conseguir que funcionara. Quería demostrarme a mí mismo que podía triunfar en algo. ¡Algo! ¡Lo que fuera! Así que después de cerrar el negocio por la noche, conducía un par de horas, con tormentas de nieve incluidas, para ir a su apartamento, sin haberme quitado mi camiseta pegajosa manchada de mostaza, oliendo a salami curado y a agua sucia de fregar los platos, pero me sentía que estaba en la cima del mundo, aunque pocas horas después tendría que reemprender el camino de vuelta.

Sin embargo, siempre valió la pena.

Ella me hacía entrar en calor con un grasiento queso a la brasa y luego nos poníamos las manoplas para salir a pasear a la luz de la luna, alrededor del pequeño lago que había junto a su casa. Manchas borrosas de nieve húmeda nos rodeaban por todas partes, caminábamos por un resbaladizo puente que cruzaba un río flanqueado por altos árboles, siempre agarrados de las manos enfundadas en las manoplas. Con la nariz roja y moqueando, los ojos llenos de vida y de chispas, nos mirábamos y nos besábamos creando esos momentos mágicos de película.

Cuando el invierno se transformó en primavera y la primavera en verano, y el puente resbalaba menos, sobre un río menos congelado... le pedí que se casara conmigo.

Y ella aceptó.

Mientras tanto, mi restaurante iba a trompicones.

Algunos meses ganaba dinero. Algunos meses no. Me pasaba demasiados viernes por la noche limpiando retretes y quemando neuronas con la espuma limpiadora de hornos. Volvía a sentirme un fracasado. Tenía problemas para distanciarme de mis esfuerzos y alejar el foco de mi persona.

Entonces me llegó una carta de Harvard, donde se me comunicaba que me habían admitido, y sentí como si un delfín viniera a rescatarme en medio del océano. Vendí mi restaurante, me agarré de su aleta y dejé que me condujera entre las olas hasta Boston para retomar mis estudios.

Conseguimos unas *webcams*, hicimos planes para larga distancia, pedimos tarjetas de puntos en la compañía aérea para conseguir descuentos y vernos cada fin de semana largo o festivo. Pasamos un año planificando nuestra boda y, al verano siguiente, formalizamos nuestro compromiso bajo el cielo azul de un soleado día de julio.

Entonces, volví a marcharme para mi segundo año en la facultad.

Esta vez, se vino conmigo e intentó conseguir un traslado para poder enseñar en un instituto de Boston, pero los complicados trámites consiguieron que terminara entregando toallas en el gimnasio de Harvard, en vez de encontrar un grupo de niños y niñas de la zona a quienes enseñar y entrenar. Añoraba mucho la enseñanza y, por Navidad, acordamos que volvería a casa y que yo seguiría con mis estudios durante unos pocos meses más, hasta la primavera.

Cuando ese invierno dio paso a la primavera y yo estaba sentado con mi toga y mi birrete delante del escenario en el jardín de la universidad escuchando el discurso de graduación, no podía dejar de sonreír. Porque realmente sentía que por fin, por fin, *por fin*, mi vida empezaba a tener un rumbo, y que mi esposa y yo empezaríamos nuestra vida en común de una vez por todas.

Volví a casa, me instalé, compramos un sofá, compramos una casa, pintamos las paredes, hacíamos hamburguesas en la barbacoa e intentábamos acomodarnos en la vida larga y feliz que nos habíamos imaginado tres años antes, al principio de nuestra relación, durante nuestras citas lentas de ensueño.

Y aunque realmente, verdaderamente, deseábamos que nuestro matrimonio funcionara, a veces el cielo simplemente se acaba.

Recuerdo el día en que me di cuenta.

Fue un día de verano, que subimos a una montaña no muy alta en el macizo Adirondacks. Había estado pletórica todo el día, trepando con manos y piernas por rocas lisas, entusiasmada por ver el panorama de bosques desde cada pequeña cima que conquistaba. Yo iba siempre cincuenta pasos por detrás de ella, refunfuñando por lo cansado y dolorido que me sentía. Ella estaba embelesada por la aventura y disfrutaba con el aire fresco, las vistas y los olores de la naturaleza. Yo sentía que me estaba perdiendo la conversación de cuatro horas que había estado esperando y que estaba dedicando mi tiempo a matar mosquitos, a arañarme las rodillas y a estar pendiente de si tenía algún oso a mis espaldas.

Esa noche, cuando por fin regresamos al hotel destrozados reinó el silencio entre nosotros. Sentí algo. Creo que ella también. A pesar de haber estado juntos todo el día apenas habíamos hablado.

—¿Cómo crees que van las cosas… entre nosotros? —le pregunté con cierta osadía, pero con voz sosegada.

Quería que me ayudara a quitarme esa ansiedad que notaba en el estómago. Que me respondiera que todo iba bien. Para que pudiera cerrar de un portazo esa puertecita que estaba abriendo en mi mente. Que me ayudara a salir de ese torbellino mental que me estaba advirtiendo que me preparara para un nuevo gran fracaso.

Pero no lo hizo.

—Creo… que somos muy diferentes —respondió.

—Bueno, los opuestos se atraen —repliqué yo.

—Sí, es solo que… —su voz se apagaba.

—¿Qué pasa?

—Me pediste matrimonio muy pronto y te fuiste a estudiar a Boston dos años. Tal vez ahora solo estamos empezando a conocernos.

Ninguno de los dos volvió a abrir la boca esa noche.

Al cabo de unos meses, retomamos la conversación. Una tarde, cuando llegué del trabajo, la encontré esperándome en la puerta. Me quedé mirándola mientras hacía acopio de todo su valor para, al fin, atreverse a hablarme entre un mar de lágrimas.

—Neil, no sé si sigo estando enamorada de ti. Creo que deberíamos divorciarnos.

Sus palabras estaban cargadas de compasión, empatía y dolor, pero aun así me mandaron directo al abismo.

De pronto, sentí como si todo se derrumbara a mi alrededor. Mi matrimonio, mi hogar, mis futuros hijos. Mis fracasos con mi primer trabajo y con mi desafortunado restaurante que creía que estaban cicatrizados: de pronto, se volvió a abrir la herida y empezó a doler de nuevo.

La vida que pensaba que tenía se hizo añicos de repente.

Me quedé en estado de *shock*.

Empecé a temblar, sentía que me estaba cayendo.

¿Qué haces cuando sientes que te caes?

¿Qué se supone que has de hacer?

El primer paso es **añadir puntos suspensivos**.

Eso significa hallar la fuerza para seguir adelante. No flaquear. Seguir respirando. Mantener el latido de tu corazón. Continuar moviéndote. Aunque solo sea un poco. Añadir unos cuantos puntos suspensivos, un «todavía» a tus pensamientos, y vivir el día a día o momento a momento.

El segundo paso es **cambiar de enfoque**.

Esto ya es más difícil, indudablemente, pero necesario. Vital. Significa separar tu versión de la historia de *la* historia. Recuerda que tenemos tendencia a dirigir el foco hacia nosotros como si fuéramos el centro de todo. Convertimos cualquier cosa en un asunto personal. Sin embargo, hemos de aprender a lidiar con ello, a colocarla a nuestro lado, no dentro de nosotros.

¿Y el tercer paso?

El tercer paso es **considerarlo un peldaño**.

Considerar tu fracaso como un peldaño de una escalera invisible hacia un futuro tú en una vida futura que todavía no puedes ni llegar a imaginar.

Esto no es fácil. ¡Es realmente difícil! Tiene que ver con confiar en el proceso y en ti mismo, con recordar que has estado bien antes y creer que después de las pérdidas y adversidades, normalmente, las aguas vuelven a su cauce.

Pero si no puedes ver el resto de la escalera, ¿cómo sabes que está allí?

1

La ilusión del final de la historia

Esta es la cuestión. La escalera representa tu vida hasta ahora. Y no puedes ver lo que se encuentra más arriba de esta escalera invisible.

¡Mira hacia abajo, detrás de ti! Esa parte es visible. Puedes ver de dónde procedes. Todos los peldaños que has subido. ¡Oh, mira! Hubo una época en que estabas en quinto curso y sufriste acoso todos los días, al salir de la escuela, por parte del matón de Adam. ¿Te acuerdas? Fue entonces cuando tomaste por primera vez un balón de baloncesto y empezaste a practicar con el entrenador Williams cada noche. Allí está Francesco, el chef tatuado que te castigaba a fregar platos cada vez que llegabas tarde a tu turno en la marisquería, donde trabajabas de adolescente. Fue duro, pero aprendiste a ser puntual y todavía vas a visitarlo cuando vas a la ciudad, para degustar su famoso pastel de cangrejo. ¡Oh! ¡El baile de graduación! ¡Uf! ¿Te acuerdas del desastre? Creo que esa noche te ayudó a que reconocieras que eras gay. Gracias a Dios que tus padres fueron tan cariñosos y comprensivos cuando saliste del armario, antes de ir a la universidad. ¡Qué descanso!

Son muchos peldaños hasta el día de hoy. Grandes pasos. Pasos difíciles. Pero todos iguales.

¿Y qué viene ahora?

Pues bien, ese es el problema.

Que nadie lo sabe.

Es invisible.

No podemos ver el futuro.

Y tal vez si ese fuera el único problema, no pasaría nada.

Pero no lo es. Es aún peor.

¿Por qué?

Porque según las investigaciones, ¡pensamos que *podemos* ver lo que está en la parte superior de la escalera!

Nuestra mente piensa: «Oh, sí, estoy seguro. Sé exactamente qué es lo que me espera en la vida». ¡Nos imaginamos esa escalera y creemos que somos buenos imaginándola! Pero lo cierto es que somos pésimos.

Me explicaré.

En enero de 2013, la revista *Science* publicó un estudio fascinante dirigido por Jordi Quoidbach, Daniel T. Gilbert y Timothy D. Wilson. Formaron equipo para evaluar la personalidad, los valores y las preferencias de más de diecinueve mil personas de edades comprendidas entre los dieciocho y los sesenta y ocho años. Mediante una serie de test, preguntaron a los participantes sobre dos temas bastante simples: cuánto creían que habían cambiado en los últimos diez años y cuánto pensaban que iban a cambiar en la década siguiente.

Utilizaron muchos métodos científicos sofisticados para asegurarse de que los datos eran legítimos. Luego, publicaron los resultados.

¿Qué revelaron?

Los círculos académicos empezaron a entusiasmarse.

Los medios se apresuraron a compartir los resultados.

¿Por qué?

¡Porque estos eran desconcertantes! No importaba qué edad tuvieran los participantes, todos creían que habían cambiado un montón en el pasado, pero que cambiarían poco en el futuro.

¿Perdona?

Imagina a un hombre de treinta años narrando la tormentosa historia de sus últimos diez años, pero dando por hecho que los diez siguientes iban a ser una balsa de aceite. Imagina una mujer de cincuenta años contando que todo en su vida había dado un giro de ciento ochenta grados tras cumplir los cuarenta, pero segura de que a los sesenta será la misma persona que es hoy. Ese fue el resultado general, independientemente del sexo, la edad o la personalidad. ¡Todos lo hacemos!

Todos pensamos que las cosas seguirán siendo como son ahora.

Si vuelas alto, tal vez no sea malo, pero si te caes, si estás destrozado, arruinado, con el corazón roto, si te sientes solo, es una tendencia psicológica peligrosa. Y todos la compartimos.

Cuando hemos tocado fondo, estamos seguros de que no hay forma de salir de eso. Creemos que jamás saldremos del sótano de casa de nuestros padres. Estamos convencidos de que después de nuestro divorcio nunca más volveremos a conocer a nadie. Pensamos que si nos han despedido estaremos cambiando siempre de trabajo y solo tendremos puestos temporales.

Los autores lo denominaron «la ilusión del final de la historia».

Pensamos que todas nuestras historias terminan justamente ahora y que todo seguirá igual a partir de este punto.

Ahora bien: ¿por qué pasaron los investigadores tanto tiempo estudiando a diecinueve mil personas?

Daniel Gilbert, uno de ellos, participó en el *podcast Hidden Brain* [Cerebro oculto] de la NPR [Radio Pública Nacional] y explicó:

Yo, como le sucede a todo el mundo, también estoy expuesto a los duros avatares del destino. Como un divorcio. Una operación. Una ruptura con la mujer a la que amo y con los amigos con los que me divertía. En un mismo año, me sucedieron una serie de cosas. Y me di cuenta de que si un año antes me hubieras preguntado cómo me sentiría si algo así me sucediera, te habría respondido: «Oh, ¡Dios mío! Me quedaría hecho polvo». Pero no fue así... Esto me hizo plantearme si yo era la única persona que era demasiado estúpida como para imaginar su futuro y cómo me sentiría en función de las cosas buenas o malas que me pasaran.

¡Ajá! Aquí está. La escalera invisible.

Incluso Daniel Gilbert, el famoso psicólogo y profesor de Harvard Daniel Gilbert, autor de superventas como *Tropezar con la felicidad*, incluso él se olvida de que el resto de la escalera es invisible. Sufrió uno o dos fracasos y pensó: «Vaya, maldita sea, mi vida va a ser un asco a partir de ahora». Pero no fue así. Porque inevitablemente todo lo que experimentamos en la vida *es en realidad un paso que nos ayuda a llegar a un lugar mejor.*

No es fácil verlo de este modo. ¡De hecho, es muy difícil! Pero hemos de hacerlo, porque este estudio que hace trabajar a nuestro hemisferio izquierdo nos ayuda a reconocer nuestra tendencia al catastrofismo. Y eso por sí mismo debería bastar para hacer retroceder a tu cerebro y decir: «Espera un momento. ¡Me estoy engañando a mí mismo! ¡Tal vez todo no será horroroso eternamente! ¿Quién dice que no saldré nunca del sótano? ¿Que no conoceré a otra persona? ¿Que no encontraré un trabajo que de verdad me guste?».

Contémplalo como un peldaño.

Gilbert llegó a la conclusión de que en lo que respecta a predecir el futuro, todos somos tontos. Todos sin excepción.

¡Qué alivio! No eres tonto. *Somos* tontos. No eres idiota. *Somos* idiotas. No eres imbécil. *Somos* imbéciles.

¿No te encuentras mejor?

Este estudio me recordó uno de mis trabajos en recursos humanos, en el que tenía que acompañar a los jefes a las salas de reuniones siempre que iban a despedir a alguien. Yo me encargaba del papeleo, actuaba de testigo y de apoyo emocional. Estuve en las salas donde habían despedido a docenas de personas, y fue horrible. Había lágrimas y pañuelos húmedos, y muchas tardes me tocó consolar a alguien en un gélido *parking*, mientras cargaba su caja con sus enseres, entre los que se incluían las fotos enmarcadas que tenían sobre su mesa, y tuve que escuchar: «Estaba convencido de que iba a estar aquí para siempre», «¿Qué voy a hacer ahora?» y «Nunca encontraré otro trabajo».

Esas escenas me partían el corazón.

Me hicieron perder muchas horas de sueño.

Pero a veces me encontraba a esos antiguos empleados años más tarde. ¿Y qué es lo que me decían? ¿En todas las ocasiones? «¡Lo mejor que me podía haber pasado en la vida fue que me despidieran! Si no hubiera cobrado ese finiquito, no habría podido pasar con mi padre sus seis últimos meses de vida».

O: «Me fui a Perú y me hice importador de suplementos nutricionales... y ¡me encanta lo que hago!».

O: «Ahora, trabajo en una empresa más pequeña y ¡me han ascendido dos veces en dos años!».

O: «Mi finiquito me sirvió para poder dedicarle más tiempo a mi hija y a mi yerno los meses después de su tercer aborto».

¿Por qué todos los empleados despedidos me contaron una historia semejante? ¿Por qué reaccionaron todos tan positivamente al cabo de un tiempo? ¿Cómo es posible?

Porque confundimos el reto de imaginar el cambio con la improbabilidad del propio cambio.

Así es.

Confundimos el reto de imaginar el cambio («¿Qué voy a hacer ahora?») con la improbabilidad del propio cambio («¡Nunca encontraré otro trabajo!»).

Es decir, no te puedes *imaginar* cambiando, de modo que asumes que no cambiarás.

¿Por qué?

¡Porque tu habilidad como vidente es nula!

Como lo es la mía. Y la de todo el mundo.

Crees que como no puedes ver el resto de la escalera ya no hay más peldaños.

Pero sí los *hay*.

Y el cambio llegará.

Siempre llega.

Esa es la razón por la que nos cuesta tanto ver el cambio como un peldaño. Ver este fracaso, este revés, esta experiencia difícil como parte de un proceso, como parte de una totalidad. Cuesta verlo como un peldaño, porque ¡no puedes ver el peldaño siguiente! Y por supuesto, no puedes ver diez peldaños más.

¿Por qué pensamos siempre que el fracaso nos conduce a algo malo? Eso no es cierto. Rara vez lo es. Recuerda la ilusión del final de la historia. ¡Nuestro cerebro piensa que es el final! ¿Recuerdas todas las personas a las que volví a ver después de haber sido despedidas que me comentaron lo positivo que terminó siendo en sus vidas ese aterrador revés? Para mí también lo fue. ¿Cómo podía haber imaginado que mi despido de P&G acabaría conduciéndome, de algún modo, a la conversación que estamos teniendo ahora? No podía. De algo puedes estar seguro: prefiero esto que estar haciendo análisis de precios de sombras de ojos y máscaras de pestañas. Pero cuando salí de allí maldiciendo a todos, me imaginaba durmiendo sobre una pila de migas de sándwiches club en Cleveland.

Sé amable contigo mismo.

Cuando estás pasando por algo así, cuando te estás cociendo a fuego lento en el trauma del fracaso y de la pérdida, cuando estás convencido de que estás estancado, de que no hay más camino hacia delante, recuerda: hay una parte de la escalera que no ves. Confía en que está allí, justo delante de ti, y que te conducirá a sitios nuevos y maravillosos. Ten el valor de creer en esto que no puedes ver.

Tienes muchos peldaños por delante. Muchos. No te detengas. Añade puntos suspensivos. Cambia de enfoque y sigue moviéndote.

Estás intentando digerir un fracaso, indudablemente.

Pero es muy posible, muy probable, que lo que estás pasando suponga un paso hacia un futuro que te gustará. Pero que no puedes ver... todavía.

2

Vuelve al principio

Así que lo hicimos.

Nos divorciamos.

Con nudos en el estómago y los corazones rotos, pusimos la casa en venta, fuimos a un abogado de familia y a un juzgado, procesamos los papeles, recogimos nuestras cosas y nos encontramos ante la circunstancia surrealista de repartirnos los muebles y sacarlos de nuestra casa con personas que, tiempo atrás, fueron ajenas y que habíamos tardado años en asimilar que formaban nuestra familia política, para convertirse de nuevo en extrañas.

Me fui a un diminuto estudio de soltero de cuarenta y seis metros cuadrados, en el centro de la ciudad, en un edificio llamado The Hudson. Un amigo me ayudó a trasladar mi mesa de comedor y a meterla en el ascensor, y lo montamos todo sin haber reparado antes en que ocupaba toda la cocina. Así que la desmontamos y la sacamos. Nunca compré otra mesa. Nunca compré sillas para la cocina. Nunca compré cuencos, bandejas de horno o saleros y pimenteros. Mis armarios de cocina estaban vacíos.

Como lo estaba mi nevera.

Como lo estaba mi corazón.

Me avergonzaba de las oscuras bolsas que se me estaban haciendo debajo de los ojos, así que fui a la droguería de mi calle y me compré un corrector del contorno de ojos, que me aplicaba cada mañana. No quería que nadie se diese cuenta de que había estado despierto toda la noche debido al insomnio, la ansiedad y la soledad.

Vivía solo por primera vez en mi vida, en una gran ciudad, sin nada de lo que esperaba haber conseguido a los treinta años...

Sin matrimonio, sin casa, sin hijos.

Vuelta a empezar.

La mayor parte de mis amigos estaban casados, tenían hijos y vivían en barrios residenciales de las afueras, mientras que yo solo tenía seis contactos en la agenda de mi teléfono móvil. No conocía a nadie en el barrio, no tenía nada que hacer, ni lugar adonde ir.

Durante los meses en que se estaba produciendo todo esto, estuve enfadado, triste, iba a trabajar fatigosamente y me sentaba en las reuniones como un zombi, llegaba a casa todas las noches con comida para llevar.

Un día, conduciendo de regreso, me dije a mí mismo: «Tiene que haber *algo* positivo ahí fuera». Un diminuto destello. Una diminuta tuerca del cerebro. Algo a lo que aferrarme. Algo que escuchar. Decidí que tenía que encontrarlo. Una cosa positiva. ¡Tenía que pasar página! ¡Tenía que *cambiar de emisora*! Así que cuando llegué a casa encendí el televisor... Puse el canal de la CNN.

No lo hagas.

Todos los canales de televisión, todos los periódicos y todas las emisoras de radio dan malas noticias.

Soy sincero cuando te digo que no escuches ninguna emisora o veas ningún canal de noticias actualmente. He cancelado todas mis suscripciones a periódicos y revistas. No tengo páginas web de noticias en favoritos. Me basta con ojear los titulares cuando voy al supermercado y sacrifico con gusto *conocer a fondo* lo que está pasando con tal de vivir más feliz. ¿Puedes llegar a imaginar cuántos incendios en edificios, atascos de tráfico y compromisos de boda de estrellas de la televisión nos estamos perdiendo en este momento?

No me refiero a que te tapes las orejas y empieces a gritar «LALALALALA» con todas tus fuerzas cuando alguien comience a hablar del cambio climático. Lo que quiero decir es que el mundo está lleno de malas noticias y nuestro cerebro primario está desesperado por leerlas, tanto como nuestros medios de comunicación están deseando venderlas para obtener beneficios.

La solución es ser conscientes de nuestra atención.

Elimina todos tus favoritos y elige con cuidado los temas que te interesan, estúdialos en profundidad y actúa como corresponde. Simplemente, deja de ser el blanco de la lluvia de fuego de negatividad superficial, que recibes a través de cualquier pantalla (ya esté en un ascensor o frente a la cinta de andar en el gimnasio) o emisora de radio.

Volviendo a lo que íbamos, apagué la tele y me conecté a Internet, escribí en Google «Cómo crear un blog».

A los diez minutos había creado un diminuto sitio web al que le puse el nombre de 1000AwesomeThings.com [1000cosasasombrosas.com] como medio para conseguir dibujar una sonrisa en mi rostro antes de acostarme. Empecé siendo sarcástico. Cruel. Cínico. El reflejo del cinismo que sentía. Escribí sobre cómo los jugadores de béisbol gordos nos daban esperanza. Escribí que dejar fuera del coche a alguien y fingir que te marchas dejándolo plantado es una de las mejores bromas del mundo. Escribí, escribí y escribí.

Cada día, cuando regresaba a casa del trabajo, añadía otro *post*. ¿Y qué te parece lo de ponerte la ropa interior calentita recién sacada de la secadora? ¿O cambiarte a la zona fría de la almohada en mitad de la noche? ¿O pillar todos los semáforos en verde cuando llegas tarde al trabajo? ¿O conseguir hacer pipí después de aguantarte eternamente?

Escribir era una catarsis para mí, una liberación. Me ayudaba a cambiar los pensamientos oscuros por otros más luminosos antes de acostarme. Cada día, a las 00:01, colgaba mi *post*. ¿Por qué era tan importante hacerlo antes de acostarme? Porque ¿sabes lo que pasa cuando tu mente da vueltas? ¡Que no puedes dormir! Y entonces, ¿cómo estás al día siguiente? Peor. ¿Y tus niveles de energía y resiliencia a la noche siguiente? Peor. ¿Y la noche siguiente? Aún peor.

El blog era como una gamuza húmeda con la que borrar lo que había escrito en la pizarra de mi mente antes de apagar la luz. Me rompía la cabeza buscando metáforas para transmitir cómo te sientes cuando te quitas las lentillas. ¡Cuando te sacas los calcetines después de venir de trabajar! ¡Cuando te sacas las botas de esquí! ¡Cuando te liberas del esmoquin de alquiler después de la agotadora boda!

Entonces, ¿con qué pensamientos me acostaba?

Con pensamientos algo más positivos.

El blog era los puntos suspensivos.

El blog era una forma de cambiar de enfoque.

El blog me ayudaba a considerar las cosas como un peldaño, mientras intentaba seguir avanzando.

3

¿Ya te has hartado de los rollos de una noche?

acer el blog fue un peldaño para mí.
Un peldaño vital. Un peldaño necesario. Porque cada ruptura duele. Parece que es el final. Que ha terminado el juego. Eso es lo que sentí con mi divorcio. Pero resulta que cuando hablas con personas que tienen relaciones serias y les pides que retrocedan en su vida, siempre te describen el camino como una serie de finales de juego que siempre, siempre, siempre han continuado.

Hace algunos años, descubrí un estudio fascinante publicado en *The Telegraph*.

Un grupo de investigadores pretendía averiguar lo difícil que era el sendero de los romances, así que buscaron personas que tuvieran relaciones estables con parejas de muchos años y les hicieron retroceder en el tiempo en sus historias personales, para ver cuántas relaciones y experiencias sexuales las habían conducido hasta donde se encontraban en esos momentos.

(Nota: ¡Qué estudio tan raro! «Entonces, ¿con quién saliste antes que Frank? ¿Con Joe? ¿Cuánto tiempo estuviste con Joe? ¿Engañaste a Joe? ¿Algún rollo de una noche entre uno y otro?».

Pero tiene sentido, ¿no te parece? Porque todas las personas a las que besamos, con las que salimos y nos acostamos nos enseñan algo que nos ayuda a crecer y a continuar en nuestro viaje eterno de intentar entendernos cada vez un poco mejor, hasta que al final surja la versión más rica, completa y profunda de nosotros mismos.

En ese sentido cada ruptura tiene un fin.

Cada ruptura es un peldaño.

¿Hemos de ser específicos?

Según ese estudio, la mujer tipo besará a quince personas diferentes, tendrá siete parejas sexuales, cuatro aventuras de una noche, cuatro citas desastrosas, tres relaciones de menos de un año y dos relaciones de más de un año, se enamorará dos veces, se le romperá el corazón dos veces, engañará una vez a su pareja y será engañada una vez, todo ello antes de encontrar a la pareja de su vida.

¡Guau!

¿Qué hay de los hombres?

Pues bien, el hombre tipo besará a dieciséis personas, tendrá diez parejas sexuales, seis aventuras de una noche, cuatro citas desastrosas, cuatro relaciones de menos de un año, dos relaciones de más de un año, se enamorará dos veces, se le romperá el corazón dos veces, engañará una vez y será engañado una vez, todo esto antes de encontrar a la pareja de su vida.

¿Te gustaría pasar por todo esto?

A mí tampoco.

Pero en cierto modo, ¿no te parece algo liberador?

Porque puede ayudarte a iluminar los peldaños invisibles que tienes por delante, en la escalera que estás subiendo hacia la relación estable y comprometida que tal vez desees.

¡No estoy diciendo que sea fácil! Cuando estuve viviendo solo, tardé más de un año en volver a tener una cita. Y cuando por fin la tuve, me quedaba destrozado cuando esa persona con la que había sentido un poco de conexión o con la que había compartido un primer beso no volvía a contactar conmigo. Era frágil. Tenía el corazón roto. El rechazo me destruía.

Me hice amigo de un chico gay que vivía en la puerta de enfrente. Siempre había chicos entrando y saliendo de su apartamento. Cuando le explicaba lo mal que me sentía cuando alguien no me devolvía un mensaje, siempre me dedicaba una amplia sonrisa y me decía: «¡QUE PASE LA SIGUIEEEENTE!». Sus palabras me parecían fuertes, pero tal vez él era mejor que yo en atraer el futuro más rápido.

4

«¿Qué es un blog?»

Escribí un *post* cada noche durante un año. Trabajaba en mi oficina durante el día, luego compraba comida preparada de regreso a casa y me conectaba a Internet hasta avanzadas horas de la madrugada antes de dormirme. Estaba viviendo un duelo, me tambaleaba y procesaba a la vez, y como estaba solo, no tenía a nadie que me ayudara a desconectar.

Mis primeras citas no llegaban a ninguna parte. Empecé a acumular fracasos. Confundía el nombre de la persona con la que estaba con el de mi exesposa. Varias veces. Me pasó con varias personas. Seguía esperando que se produjera una cita lenta y de ensueño, con largas conversaciones, con sonrisas de complicidad, en las que tuviéramos que decirle al camarero, una y otra vez: «Perdón, todavía no hemos mirado la carta».

Pero no llegó nunca.

Me sentía como si estuviera viviendo la película *Atrapado en el tiempo*, lleno de apretones de mano y de despedidas, y de cuentas de cuarenta dólares en vino y patatas fritas.

Pasó un año más y seguía haciendo las mismas cosas: escribir un blog cada noche, conocer gente nueva, conocer amigos de amigos e ir a tomar algo con las personas que conocía por Internet. Un día, mi amiga Rita, que vivía en el piso del fondo del pasillo, vino a preguntarme si me apetecía ir a una exposición de arte que había en la acera de enfrente. Venía mucho a verme para ver si quería beber o comer algo. Pero esta vez vino con una amiga.

—Hola, me llamo Leslie —me dijo una imponente morena con una sonrisa gigante y una apabullante seguridad, a la vez que me daba la mano.

—Ah, hola, hola, soy, um, Neil —respondí como pude.

Cruzamos la calle y paseamos por la extensa muestra de arte fotográfico, antes de tomar un vino y un plato de patatas fritas en un *bistro* francés.

—Neil es bloguero —le dijo Rita—. Tal vez has oído hablar de su blog. Lleva ya un tiempo. En estos momentos, es uno de los más importantes del país. Lo están transformando en un libro que se llama *The Book of Awesome*.

—¿Qué es un blog? —preguntó Leslie.

Y en ese momento me enamoré perdidamente de ella.

Más tarde, esa misma noche, cuando Rita nos mandó un correo con un *link* del fotógrafo de la exposición que habíamos visto, le mandé un correo a Leslie en el que le pedía una cita.

—¿Qué te parece el martes a las diez? —le pregunté—. ¿O el miércoles por la noche a las nueve?

—Lo siento, me acuesto a las ocho; soy maestra de preescolar.

—Bien, ¿qué te parece el domingo para desayunar?

—Fantástico —respondió.

Y quedamos.

5

Absórbelo

Hace mucho, mucho, mucho tiempo, aparecieron sobre la Tierra los organismos unicelulares.

Por ejemplo, la ameba. Que era así:

¿Qué sucedió entonces? Pues bien, trescientos millones de años después, esos organismos unicelulares evolucionaron en organismos pluricelulares. Como este:

¿Qué sucedió entonces? Que trescientos millones de años después esos organismos pluricelulares evolucionaron en plantas y animales. ¡Como nosotros!

¿Y sabes lo interesante de todo esto?

Los organismos unicelulares no desaparecieron. No murieron. No quedaron obsoletos. Las plantas, los animales y nosotros mismos tenemos cientos de millones de organismos unicelulares que viven en nuestro interior. Nuestro cuerpo es su hogar.

¿Qué pasó con los organismos pluricelulares?

Lo más importante es que estaban *formados por organismos unicelulares*. Y lo que también es importante es que no desaparecieron sino que pasaron a *formar parte de organismos nuevos y más grandes*. Hay organismos pluricelulares en los árboles. En ti. En mí. En Oprah.

¿Qué quiero decir?

Que a menudo creemos que para evolucionar hemos de «destruir y sustituir» el pasado, cuando en realidad la evolución se basa en «trascender e incluir».

El pasado es absorbido para crear el futuro.

El autor Ken Wilber ha expuesto esta idea en muchos de sus libros, como en *Breve historia de todas las cosas*. Las ciudades no acabaron con las granjas, sino que incorporaron la agricultura de una forma más eficiente y productiva. Las películas no sustituyeron a las fotos. El *trip-hop* no sustituyó al *hip-hop*. Nosotros no sustituimos a los gorilas. Nuestro pensamiento racional evolucionado no sustituyó a las emociones, sino que más bien las ha absorbido en nuestro nuevo cerebro racional.

El verdadero crecimiento, la verdadera evolución, no procede de la destrucción, sino de asimilar lo que había antes e integrarlo en una totalidad más grande. ¿Qué pasa cuando se queman bibliotecas? Que quedan montañas de cenizas. ¿Y qué sucede cuando leemos libros y desarrollamos nuestras propias ideas? Surgen los grandes pensadores. ¿Qué queda cuando arrasamos ciudades? Montañas de escombros. ¿Y qué ocurre cuando estudiamos la tecnología de otros países, la copiamos y aprendemos de ella? China.

No estoy bromeando. Me refiero a todas las tecnologías del futuro.

No hay transporte sin GPS.

No hay aplicación Siri sin búsqueda.

No hay un tú de hoy sin todo tu pasado. Como tampoco hay un tú del mañana sin todo lo que estás viviendo ahora.

Si mi primera esposa no se hubiera desenamorado de mí, no me habría mudado a mi apartamento de soltero en The Hudson. Jamás habría conocido a una chica llamada Rita. Nunca me habría enamorado de su amiga Leslie. Jamás me habría ido a vivir con Leslie un año más tarde, ni le habría pedido matrimonio al año siguiente.

Nunca me habría casado con ella.

Ni habría tenido un hijo llamado... Hudson.

En aquel momento, no lo sabía, pero había embebido mi pasado y creado mi futuro.

Y eso no solo me pasó a mí.

Nos sucede a todos.

Te sucede a ti.

Me sucede a mí.

Nos pasa a todos.

Cuando estás cayendo, puedes añadir los puntos suspensivos para seguir adelante, luego cambiar de enfoque para dejar de culpabilizarte y, por último, al final del todo, intenta considerarlo un peldaño.

Añade puntos suspensivos

□

Cambia de enfoque

□

Considéralo un peldaño

SECRETO 4

Cuéntate otra historia

Así que yo caí, tú caíste, nosotros caímos, pero ahora estamos aquí.

Hemos hablado de los tres pasos que puedes dar cuando te sacan la alfombra que tienes debajo de los pies, cuando resbalas, tropiezas y sientes que te estás cayendo, más, más y más.

Espero que te hayan ayudado esos tres pasos. Tal vez no tocaras fondo. Tal vez hayas vuelto a remontar. ¡Quizás seas bueno!

Pero todos caemos a veces en profundos agujeros negros. En ocasiones, tocamos fondo realmente. Allí es donde nos enfrentamos a nuestros demonios más ocultos. Nuestros miedos privados. Nuestros pensamientos de culpa. Nuestros secretos más oscuros.

Entonces es cuando sentimos que estamos en el fondo del pozo.

Vemos el agujerito por donde pasa la luz muy arriba, pero nuestras manos resbalan por las rocas cubiertas de musgo, cuando intentamos trepar por sus paredes.

¿Qué podemos hacer entonces?

Veamos nuestro próximo secreto.

Profundicemos un poco más.

Retrocedamos en el tiempo.

Era el mes de octubre de 1979.

Yo tenía seis semanas y no dejaba de llorar.

Cuando digo que no dejaba de llorar es casi literal: lloraba día y noche sin parar. Mis padres no tenían más hijos, pero sabían que algo no era normal. Me llevaron un montón de veces al médico, pero siempre les decía lo mismo. «No se preocupen. Váyanse a casa. Los bebés son así».

Mi madre estaba segura de que me pasaba algo, así que me llevó a otro médico, que descubrió que tenía una hernia dolorosa y un testículo no descendido. Me derivaron inmediatamente a un cirujano. «¿Saldrá bien?» —le preguntó mi madre al médico, antes de sentarse en la sala de espera y llorar durante horas, mientras mi cuerpecito quejumbroso de tan solo seis semanas se sometía al bisturí.

No puedo imaginarme cómo se sentiría mi madre al ver que se llevaban a su bebé al quirófano para operarlo de los genitales, en esa etapa tan vulnerable para la mujer como es el periodo posparto. Ni tampoco me imagino lo que supuso para mí, puesto que no tengo recuerdos conscientes de ello.

Después de la operación, aparentemente dejé de llorar y de tener problemas crónicos, aparte de quedarme con un solo testículo y una cicatriz en la ingle que crecería al mismo tiempo que yo. Y como solo tenía seis semanas, nunca supe lo que me había pasado. Mis padres jamás me lo contaron durante mi infancia, así que a los diez años yo creía que todos los niños tenían un solo testículo.

¿Por qué?

Bueno, tenemos una nariz, una boca, un corazón, un estómago, un ombligo, un pene. Una línea imaginaria divide nuestro cuerpo en la mitad izquierda y derecha.

Y tal como lo veo ahora, ¿no te parece que el cuerpo humano es un poco raro con lo que refuerza con una segunda versión y lo que no? ¿Ojos? Claro que vas a necesitar los dos, si te clavan un palillo en uno de ellos en un bufé libre chino y necesitas un seguro para la vista. ¿Orificios nasales? Dos. Sin lugar a duda. De lo contrario cuando te resfriaras irías por ahí con la lengua fuera como un *golden retriever*.

¿Dos pulmones? ¿Dos pezones? ¿Dos riñones?

¡Revisa, revisa, revisa!

Pero ¿lengua, tráquea, estómago, corazón?

Tener uno nos parece totalmente correcto.

Así que pensaba que tener un testículo era de lo más normal.

Viví sin pensar en ello.

Recuerda que me crie en la década de los ochenta.

No había Internet.

Los muñecos Ken no tenían genitales. Las muñecas repollo no tenían genitales. El He-Man no tenía genitales, aunque creo que hubiera tenido unas pelotas generosas si la empresa Mattel no lo hubiera castrado. (Piénsalo. Montaba sobre una *pantera negra* como si fuera un burro de feria). A los modelos de ropa interior de los catálogos de Sears no se les marcaba el pene o los testículos. Incluso los dibujos detallados de hombres desnudos, que un día vi en un ejemplar de *El goce de amar*, que estaba guardado en una caja de almacenamiento en el sótano de casa, tampoco tenían el detalle testicular que podrías imaginar.

Tampoco me fijaba.

No solía fijarme en los hombres desnudos, salvo en el que veía en el espejo, así que todo me parecía normal.

Todo cambió en la clase de gimnasia de noveno curso.

En noveno, fui a un instituto muy grande donde reinaba un orden claramente jerárquico. Los de noveno éramos enclenques, teníamos las peores taquillas y nunca podíamos sentarnos en la cafetería. No es que sufriéramos agresiones ni empujones, pero sabías cuál era tu sitio y bajabas la cabeza.

La clase de gimnasia era obligatoria y a mí me asignaron a la del señor Christopoulos, un griego cavernícola, culturista y bajito, con pelo corto y rizado, monoceja y una espesa capa de pelo en los antebrazos. Siempre llevaba *shorts* de la marca Umbro, una camiseta blanca y un silbato, incluso en invierno. No sonreía nunca e intimidaba que no veas. También hubiera sido apto para venir a clase montado en una pantera negra.

A su clase de gimnasia asistían una mezcla de empollones, vándalos y *punks* de catorce años, pero nadie se pasaba ni un pelo. Tal vez para reafirmar su reputación, el primer día nos llevó a la sala de pesas, donde nos invitó a que le mostráramos lo que sabíamos hacer. «¿Alguno de vosotros entrena en el banco de pesas? Adelante. A ver qué hacéis». Algunos muchachos lo intentaron, levantaron la barra y algunos incluso añadieron algunas pesas ligeras.

Cuando hubieron terminado, el señor Christopoulos se puso en el banco y pidió a los compañeros que añadieran pesas hasta llegar a levantar, gritando y sudando, tres pesas en cada lado (unos ciento cincuenta kilos), mientras se le hinchaban las gruesas y verdosas venas de los brazos y de la frente. Estábamos de pie formando un círculo a su alrededor, boquiabiertos y con los ojos desorbitados, como si estuviéramos viendo a un Bigfoot[*] dando a luz en el bosque.

El mensaje era claro.

Ese hombre podía aplastarnos, como si fuéramos una barra de pan, por lanzar un avión de papel.

Nos tenía a raya.

Más adelante, en otoño, después de unas semanas de entrenamiento de fuerza, atletismo y voleibol, llegó el momento de la clase de salud.

---

[*] N. de la T.: La versión estadounidense del abominable hombre de las nieves o Yeti.

Nos llevó al aula de música, se subió al escenario de madera y se colocó en el puesto del director de orquesta, mientras el resto ocupamos los sitios de los miembros de los instrumentos de viento y utilizamos los atriles como pupitres. Cuando empezó con su sermón sobre la menstruación, los herpes y el sida, siguiendo fielmente el guion del libro de texto, intentamos contener la risa.

El señor Christopoulos era aficionado a hacer largos incisos, en los que contaba historias melancólicas sobre la época en que había ganado algunos concursos europeos de culturismo o vencido a alguien en una gran competición de lucha libre. Con el tiempo, nuestro miedo se transformó en un respeto saludable y empezamos a verlo como el fornido hermano mayor que todos desearíamos tener.

Un día, nos contó una anécdota de una vez que estaba luchando contra un amigo en una competición y, sin saber cómo, le aplastó un testículo. De hecho, se lo reventó. Todos gimieron e hicieron gesto de dolor, mientras Christopoulos se limitó a sonreír en silencio, observando a los asistentes, a la espera de que volviera a reinar el silencio y rematar la historia. «Sí» —dijo, revisando todas las miradas expectantes—. Después de ese día, lo llamamos el *medio hombre*».

Todos se echaron a reír a carcajadas.

El ruido era ensordecedor.

Yo estaba sentado al lado de un compañero alto, rubio y con la cabeza rapada, que se llamaba Jordan y que era mi mejor amigo en clase. Le asestaba tremendos golpes al atril del ataque de risa que le dio, hasta le caían las lágrimas. «Medio hombre» —gritaba.

A los compañeros les caían las lágrimas por las mejillas de la risa por la combinación de la historia repulsiva que acababa de contar seguida del mejor chiste del semestre que había dicho Christopoulos.

Miré a mi alrededor y todos se estaban golpeando las piernas e inclinando la cabeza hacia atrás, mientras seguían brotando lágrimas de sus ojos.

Y así es como descubrí que yo tenía un testículo y el resto tenía dos.

Quiero decir que de pronto todo cobró sentido.

Siempre me había extrañado la expresión «me ha tocado las pelotas». ¿Por qué pelotas si solo había una? Pensaba que era una forma de hablar, como los comentaristas de lucha libre dicen: «Le ha dado en la cesta del pan*» o cuando la gente dice: «Tengo tanta hambre que me comería un caballo», o cualquier otra cosa similar.

Una impresionante oleada de sentimientos me inundó por completo. Mi inocente aceptación infantil de mi cuerpo desapareció en un segundo. De pronto, tenía un problema físico. Y gordo. ¡Justo *en el sitio* donde los hombres no quieren problemas! No era como tener pies planos o una marca de nacimiento rara en la espalda que se pareciera al mapa de Japón. ¡Me faltaba un testículo! ¡Puede que al crecer tuviera una voz aguda! ¡No podría jugar a deportes de contacto! ¡Tal vez no podría tener hijos!

Según mi profesor y todos mis amigos, yo era *medio hombre*.

Cambié mis calzoncillos blancos ajustados por *boxers* holgados. Cada día que iba a clase de gimnasia me enfrentaba a un nuevo temor. Me cambiaba de cara al rincón del vestuario.

Cuando empezó a funcionar Internet, una de mis primeras búsquedas en Yahoo fue «implantes testiculares». Descubrí toda una comunidad de hombres que se habían puesto prótesis de metal, mármol o gel de silicona por razones estéticas.

¿Te imaginas?

---

* N. de la T.: Sinónimo de estómago en inglés informal.

Me refiero a que, en primer lugar, los testículos no suelen estar a la vista. Así que nadie los ve, salvo un par de colegas que tienen la taquilla cerca de la tuya y, como es natural, el amor de tu vida.

Sin embargo, esto es lo que hacemos.

Sacamos aquello que es invisible para los demás y lo iluminamos en el interior de nuestra mente. Ese sentimiento invisible se convierte en el centro de nuestro foco interior y no nos deja pensar y ver con claridad.

Medio hombre.

Esto se repetía una y otra vez en mi mente, como una canción pegadiza. Era como si mi piel estuviera absorbiendo un líquido muy intenso. Me sentía como una esponja seca en un estanque fangoso, empapándose rápidamente de agua fría y sucia... por todas partes... de golpe.

Tardé un tiempo en encontrar la palabra para esa emoción. Era nueva, terrible, siniestra y no tan sencilla como la culpa, el bochorno o el miedo.

Era algo más grande. Más amplio. Más profundo.

Era vergüenza.

1

Los pantanos del alma

Hay un *gremlin* esperándonos en los estanques cenagosos y fríos. El *Gremlin* de la Vergüenza.

La vergüenza es la causa de muchas de las historias que nos contamos.

Pero ¿qué es la vergüenza?

El *Diccionario de inglés de Oxford* la describe como «un doloroso sentimiento de humillación o aflicción provocado por ser consciente de una conducta errónea o estúpida».

Uuuuum. No. Lo siento, intelectuales de Oxford, pero eso es muy limitado. Quizás sea el momento de volver a la escuela para pulir este concepto. Tal vez para obtener un título en Cambridge o en otra universidad. Porque, en primer lugar, no es solo humillación o aflicción, ni tampoco se debe siempre a una conducta errónea o estúpida, ¿vale? La causa de la vergüenza puede ser mojar la cama, no sentirte lo bastante delgado o huir de una pelea en la calle. No podemos decir que eso sea «una conducta errónea o estúpida».

¿Podríamos buscar algo mejor?

¿Y si pasamos del diccionario?

Carl Jung llamó a la vergüenza «los pantanos del alma».

Los pantanos del alma.

Eso sí. Mucho mejor.

«Pantanos del alma» no encaja fácilmente en un diccionario, pero funciona, porque la vergüenza es, en realidad, un montón de emociones que se cuecen en una misma olla: humillación, aflicción, preocupación, bochorno, culpa, soledad y, probablemente, otras para las que ni siquiera tenemos nombre. ¡No es de extrañar que nos cueste tanto hablar de ello! Ese pequeño *emoji* sonriente con mejillas sonrojadas no es ni por casualidad lo bastante complejo como para captar los pantanos del alma, el miedo que alberga nuestro corazón, el agua fangosa que nos empapa y por la que tan difícil es vadear.

La investigadora y autora Brené Brown describe la vergüenza como «el sentimiento o experiencia, profundamente dolorosos, de creer que tenemos algún defecto grave y, por consiguiente, que no somos dignos del amor y de la pertenencia; algo que hemos experimentado, hecho o dejado de hacer nos convierte en indignos de esa conexión».

Nos vamos acercando.

¿Puedes ampliar la explicación, Brené?

Cuando te diriges al anfiteatro y pones tu mano en la puerta, piensas «Voy a salir, voy a intentarlo», pero la vergüenza es el *gremlin* que te dice: «Oh, oh. No eres lo bastante bueno. No has terminado tu máster en Administración de Empresas. Tu esposa te ha dejado... Sé lo que te sucedió durante tu infancia. Sé que piensas que no eres atractivo, inteligente, que no tienes talento o suficiente poder. Sé que tu padre nunca te prestó atención, ni siquiera cuando llegaste a ser director financiero». Eso se llama vergüenza.

En realidad, son los pantanos del alma.

2

¿A quién hemos de culpar realmente en el juego de la vergüenza?

Vamos a ver, la vergüenza influye en el concepto que tenemos de nosotros mismos. La mantenemos oculta. Intentamos manejarla como podemos. Tapamos las cicatrices. Nos peinamos de forma que no se nos vea la calva. Nos compramos zapatos de suela gruesa para parecer más altos.

Todos lo hacemos.

Todos lo hacemos.

Luchamos, lidiamos, nos preocupamos y nos estresamos por lo que percibimos como imperfecciones. Recientemente, pasé por delante de un quiosco de periódicos, donde vi un titular de una revista sensacionalista sobre una famosa, de la lista principal de celebridades, que se pesa *cinco veces al día*. El editor puso ese titular porque todos conocemos ese miedo, estamos debilitados por el martilleo de la ansiedad, la timidez y el autodesprecio en nuestra cabeza, que nos dicen que no somos lo bastante buenos, lo bastante perfectos, lo bastante completos.

¿Cómo perdemos la vergüenza?

¿Cómo puede ayudarnos a crecer?

¿Cómo podemos trascenderla?

No podemos esquivarla.

Hemos de vadear por los pantanos.

Pero no es fácil.

El psicólogo Bernard Golden, en su libro *Overcoming Destructive Anger* [Superar la ira destructiva], escribió: «Algunos investigadores sugieren que el origen de la vergüenza es escuchar repetidamente no lo que hicimos mal, sino que *somos* malos haciendo algo. La vergüenza, como la culpa y el bochorno, implica una valoración negativa de nosotros mismos cuando estamos convencidos de que no somos capaces de vivir de acuerdo con nuestras propias expectativas o con las de otras personas».

Mi esposa, Leslie, procura tener mucho cuidado con esto en el trato con nuestros hijos. Nunca les dice: «¡Eres muy desordenado!», sino: «Todavía no has ordenado tus libros y tu ropa». Procura no decirles: «Eres despistado», sino que opta por algo como: «Hoy te has dejado la mochila en casa».

Shahram Heshmat, ayudante emérito de cátedra de la Universidad de Illinois en Springfield, investigó la adicción durante más de veinte años. Llegó a la conclusión de que «para sentir vergüenza has de ser consciente de que los demás te están juzgando».

Parece razonable y lógico.

Cuando mis compañeros se reían tanto por el comentario del «medio hombre» que hacían sonar los atriles, entendí bastante pronto que estaban juzgando.

Pero aquí hay un detalle de igual importancia.

¿Y si no son solo los demás los que juzgan?

¿Y si también somos nosotros?

Sí, es fácil imaginar que un padre o una madre regañones, o un profesor desagradable, puedan ser nuestros enemigos. Un amigo mío todavía recuerda con claridad la cara de enfado de su padre cuando mojaba las sábanas de pequeño. Y yo recuerdo a mi profesor de séptimo romper el examen de un pobre muchacho después de haber escrito en la pizarra O-D-J-E-T-O en mayúsculas y de preguntar a toda la clase de qué planeta pensaban que era el compañero que no sabía escribir *objeto*.

¡Todos conocemos esos momentos! Son los que podemos identificar como causantes de una vergüenza duradera.

Pero ¿y si también somos nosotros los que participamos de nuestra propia historia de autoavergonzarnos?

¿En qué medida culpamos a los demás de nuestros sentimientos de vergüenza cuando la persona que está interiorizando, procesando, escribiendo y repitiendo esos sentimientos eres... tú?

¿Qué historia te estás contando tú sobre ti mismo?

¿Qué vergüenza estás introduciendo en tu cerebro tú solito?

Una investigación publicada en *Proceedings of the National Academy of Sciences of the United States of America* afirma: «La vergüenza es la visión que tiene el "yo" de sí mismo, es decir, no se debe a la preocupación por la evaluación de los demás sobre el individuo». Los investigadores están dando a entender que si tienes ansiedad o estás preocupado por lo que otras personas piensen de ti, en realidad, es una *consecuencia* de la vergüenza, no la causa.

¿Qué, qué, qué?

Dicho de otro modo, no te importa lo que los demás digan de ti, a menos que ya estés proyectando cierto grado de dudas e inseguridades respecto a ti mismo.

Volvamos a la clase de gimnasia.

¿Podemos elevarnos por encima de esa escena y volver a contemplarla bajo otro prisma?

Mientras estaba sentado en la clase, me tomé el chiste de mi profesor de gimnasia y las risas de mis compañeros como un mensaje claro y conciso que asimilé en el acto: «Algo pasa con mi pelota. Nunca tendré novia. No podré tener hijos. Estoy condenado a tener que ocultarlo siempre. En resumen: no soy normal».

¡Eso es lo que *pensé*! No me refiero a que llegara a esa conclusión totalmente por mi cuenta.

Me refiero a que fui un actor en mi teatro de la vergüenza.

Y tal vez tenía el papel de protagonista.

3

¿Qué te estás contando?

S eth Godin es autor de diecinueve libros, incluidos los superventas *La vaca púrpura*, *¿Eres imprescindible?* y *Tribus*. Escribe uno de los blogs más populares del mundo y es orador habitual en organizaciones como TED.*

Quedé con él para entrevistarlo para mi *podcast 3 Books* [3 libros], y hablamos del libro de Luke Rhinehart *The Book of est* [El libro de est], uno de sus tres libros más formativos.

The Book of est es un relato ficticio del Erhard Seminars Training [Seminarios de entrenamiento Erhard], de cuatro días y sesenta horas de duración, que fue un movimiento de la nueva era muy popular en la década de 1970. Seth aclaró que él no está de acuerdo con los aspectos de culto del curso o con algunas de las necedades que aparecen en el libro. Sin embargo, cuando lo leyó, hubo algo que le impactó como si fuera un martillazo.

---

* N. de la T.: Organización estadounidense sin ánimo de lucro dedicada a la difusión de «ideas dignas de difundir». Es muy conocida por su congreso anual y sus charlas, que abarcan un amplio espectro de temas.

Resumió la tesis del libro de este modo: «Tu problema no es el mundo exterior, sino la historia que te estás contando respecto a él. Y esa historia es opcional. Si no te gusta, cámbiala y punto. Así de simple. Y la mayoría de las personas escucharán lo que acabo de decir y no cambiarán nada».

¿Es así de fácil? Bueno, no siempre, pero puede serlo. Porque normalmente nos contamos historias negativas. Tendemos al catastrofismo, nos culpabilizamos, nos obsesionamos con la vergüenza, nos decimos que no somos dignos y cosas peores. Escribimos una historia donde el villano o el tonto del pueblo, o ambas cosas, somos nosotros. ¿Por qué? ¿Por qué tendemos tanto hacia lo negativo? ¿Por qué somos tan rápidos en juzgarnos a nosotros mismos con tanta dureza?

Si te resulta familiar, bien. Es un paso. Seth reconoció esta tendencia a fabricar historias negativas respecto a sí mismo, y cuando lo hizo, se dio cuenta de que su historia no estaba compensada, tal vez hasta era autodestructiva.

¿Cómo podemos probarlo?

Bien, intuyo que probablemente te tocó la lotería en tu nacimiento. Si estás leyendo esto ahora es que estás vivo, sabes leer y tienes una educación. ¿Te alimentaron tus padres? ¿Te dieron un hogar? ¿Has ido a la universidad? ¿Estás sano?

Podemos seguir jugando a este juego para recordarnos lo bien que estamos. Esto nos ayuda a reconocer que la mayor parte de las historias que nos contamos están distorsionadas.

¿Odias tus estrías? ¿Puedes intentar verlas de otro modo? ¿No podrías considerarlas tatuajes perennes que conmemoran cómo trajiste al mundo a tus hijos?

¿Te avergüenza tener tantas aventuras de una sola noche? ¿Y si te han ayudado a conocer tu química sexual y ahora sabes mejor lo que necesitas en una pareja?

¿Te maldices por tus cinco kilos de más en la barriga? ¿No podrías disfrutar con el hecho de que comes *pizza* semanalmente y te hinchas a alitas de pollo con tus amigos?

Hemos de recordar que podemos elegir, que *podemos aferrarnos a la elección* y optar por contarnos otra historia.

Podemos reescribir nuestras historias vergonzantes, ser más permisivos con nosotros mismos, disfrutar de la amabilidad que predicamos... y practicarla primero en nuestra propia persona.

Cuéntate otra historia.

4

Inclina tu lente

¿Cómo funciona esto en la práctica?
¿Cómo podemos aprender a ver las historias vergonzosas
que nos estamos contando y cambiarlas por otras mejores?

Hemos de aprender a inclinar la lente. Debes aprender a contarte otra historia diferente. Te cuentas muchas cosas respecto a ti mismo. Debes aprender a ver las historias que te cuentas bajo otro prisma. A través de una nueva lente.

¿Y cómo se aprende eso? Del mismo modo que aprendemos el resto de las cosas. ¡Práctica! Práctica pura y dura. Practiquemos juntos ahora, y después compartiré las tres preguntas que me hago para ayudarme a tomar distancia y recontextualizar las historias en mi cabeza.

Podemos utilizar este escenario que he creado basándome en los estudios de casos del libro *Mindset: la actitud del éxito*,[*] de Carol S. Dweck:

---

[*] Editorial Sirio, 2016.

Un día, vas a tu clase de Química en duodécimo curso. Te gusta la clase, pero cuando el profesor te devuelve tu examen, ves que has sacado un sesenta y cinco por ciento. Te da un bajón. Se lo dices a tu mejor amiga, pero pasa de largo por tu lado de camino a otra parte. Te sientes ninguneada. A continuación te diriges a tu coche y te han puesto una multa de aparcamiento.

¿Cómo te sientes?

Si te pareces en algo a mí, estás totalmente destrozada.

¿Qué historias estás empezando a contarte?

Te estás diciendo: «Soy terrible en Química. No podré ir a la universidad. Mi mejor amiga me odia y no sé por qué. Soy tan tonta que no me he fijado en dónde aparcaba. ¡Vaya día horroroso!».

Pero cuando observas el escenario más de cerca, tal vez empieces a vislumbrar más contexto. ¿Puedes inclinar un poco la lente? El examen de química era solo un examen parcial, no trimestral, ni final, ni tu nota última. ¿A cuántas clases has ido en las que has suspendido algo? Me imagino que muchas. A todos nos ha pasado.

¿Qué me dices de tu mejor amiga? Te has sentido ninguneada porque tenía prisa. ¡No sabes por qué tenía prisa! ¿Le habían dado malas noticias? ¿Se ha tenido que ir a algún sitio importante? ¿Quién te dice que no corría para ir a clase o que no había recibido una llamada importante? No ha pasado de ti. No te odia. No te ha mandado a paseo ni te ha mirado mal. ¿Has tenido prisa alguna vez cuando un familiar o amigo quería hablar contigo? Por supuesto que sí. A todos nos ha pasado.

¿Y la multa de aparcamiento? Es solo una multa. No se te llevó el coche la grúa. No tuviste un accidente. ¿A quién le ponen multas? A todos. Es una forma de recaudar impuestos para la ciudad. Hay un montón de agentes circulando por ahí buscando ruedas que pisan la raya o parquímetros cuyo tiempo ha expirado. Los vigilantes de los parquímetros van a multar. No es una mancha para tu expediente. No vas a ir a la cárcel.

Y esa es la cuestión.

Nuestro cerebro adopta muy rápidamente la visión de que las indignidades que sufrimos forman parte de un gran plan para sabotear toda nuestra vida.

Pero no es verdad.

Lo único que hemos de hacer es aprender a contarnos otra historia.

- «Creo que debería estudiar mucho para el examen trimestral de la semana que viene».
- «Espero que mi amiga esté bien. Mañana le preguntaré por si necesita hablar».
- «Oh, multan a las tres de la tarde en la puerta de la facultad. La próxima vez pondré algo más de dinero en el parquímetro por si llego tarde».

¿Es fácil inclinar la lente?

No, por supuesto que no. ¡Es difícil! Muy difícil. Hace falta práctica para aprender a contarnos una historia diferente.

Entonces, ¿qué puede ayudarnos?

5

Tres grandes preguntas para ayudarte a lograr este secreto

Ha llegado la hora de las tres grandes preguntas.

Estas tres preguntas ayudan a mi cerebro a salir del oscuro lugar donde quiere refugiarse y contribuyen a que me cuente una historia diferente.

Ahí van.

1. ¿Me importará esto en mi lecho de muerte?

Esta pregunta me resulta útil para cualquier historia que me cuente. Y es muy sencilla de plantear, porque la respuesta casi siempre es: «¡No!».

Así que solo te has hecho media docena de pequeñas abolladuras. ¿Estás bien? ¿Tendrá importancia el día de tu muerte? No. No la tendrá. Dite que solo estabas de prácticas de conducción.

Entonces, te han despedido. Seguro que ahora te parece terrible. Pero ¿importará el día en que te mueras? No. Dite: «Me alegro de haber tenido esa experiencia, porque ahora estoy preparado para encontrar el trabajo que me gusta».

Siempre confundes el *there*, el *their* y el *they're*.* ¿Qué más da? Yo también lo hago. ¿Importará el día de tu muerte? No. Nadie pensará en tus habilidades lingüísticas el día de tu funeral. ¡Tú el que menos! Ni siquiera estarás *their*.

¿Has leído el artículo de *The Guardian* sobre las cinco cosas de las que se lamentan las personas antes de morir? La enfermera de cuidados paliativos Bronnie Ware ha sido testigo de miles de fallecimientos y ha compartido de qué se lamentan principalmente los moribundos en su lecho de muerte:

- «Desearía haber tenido el valor de vivir siendo fiel a mí mismo, no la vida que los demás esperaban de mí».
- «Ojalá no hubiera trabajado tanto».
- «Desearía haber tenido el valor de expresar mis sentimientos».
- «Desearía no haber perdido el contacto con mis amigos».
- «Desearía haberme permitido ser más feliz».

¿Hay algo que te llame la atención de esta lista?

En el lecho de muerte las personas no se preocupan por no haber sido más atractivas. O por haber sido más buenas en pronunciación. O por haber tenido mejores abdominales.

Recuerdan toda su vida.

Para intentar disolver mucha de mi vergüenza por tener un solo testículo, me pregunté: «¿Me importará eso el día de mi muerte?». La respuesta fue un «no» rotundo. Así fue como me di cuenta de que la historia de vergüenza que me estaba contando era opcional. ¿La prueba? Pues bien, estoy aquí hablando del tema *sin vergüenza*.

Muy bien, pasemos a la segunda pregunta.

---

* N. de la T.: Tres palabras que suenan igual en inglés, pero que significan cosas distintas: 'allí', 'suyo' (de ellos) y 'ellos son', respectivamente.

2. ¿Puedo hacer algo al respecto?

Si mojabas la cama de pequeño, tu padre te avergonzó y todavía sigues llorando por eso, es que hay muchas cosas que puedes hacer al respecto: terapia, asesoramiento, escribir un diario, hablar con un amigo, sentarte a hablar de ello con tus padres...

Elimínalo de tu organismo.

Pero si te avergüenzas de tu trastorno bipolar, de tu aborto, de que no te sale barba, es posible que no puedas cambiarlo. ¡No me refiero a que esto resuelva el problema! Quiero decir que recordar que no puedes controlar ciertas cosas debería ayudarte. ¿Por qué? Porque te has liberado. Y ya puedes contarte otra historia que te ayudará a seguir adelante.

¿Has perdido tu monedero? En vez de decirte: «¡Soy un desastre por haberlo perdido!», «¡Algún bárbaro me lo ha robado!» o «¡Nunca más volveré a confiar en nadie!», prueba con: «Bueno, tal vez había alguien que lo necesitaba más que yo y ha tenido que hacerlo. Espero que mi dinero le sirva para comprar comida caliente o para pagarse un lugar donde pasar la noche». ¿Es cierto? Puede que sí, puede que no. Pero podría serlo. Esto amplía nuestra perspectiva. Y es una historia que te ayudará a seguir adelante, en vez de nadar (y hundirte) en las profundidades.

Veamos un ejemplo más desgarrador. Este me afecta directamente. Hace unos años, mi esposa, Leslie, tuvo un aborto. Cuando sucedió nos quedamos destrozados, y las historias que nos contábamos no hacían más que empeorar las cosas. ¿Qué habíamos hecho mal? ¿A quién podíamos culpar? ¿Había sido por la pelea que tuvimos, algo que comimos, un sitio al que fuimos? Hasta que empezamos a cambiar de historia: «El feto no se estaba desarrollando bien y el cuerpo es lo bastante inteligente como para saber que es mejor poner fin al embarazo». ¿Cambió eso la inclinación de la lente? ¿Acabó esta nueva historia con todo el dolor? Por supuesto que no. Seguía doliendo. Claro que sí. Pero al cambiar de perspectiva y alejarnos de la toxicidad del sentimiento de culpa, nos sirvió para seguir adelante lentamente y pasar página.

Tal vez la antigua oración de la serenidad encierre mucha sabiduría cuando le pedimos a Dios que nos conceda la serenidad para aceptar lo que no podemos cambiar, el valor para cambiar lo que sí podemos cambiar y la sabiduría para reconocer la diferencia.

Porque cuando nos preguntamos «¿puedo hacer algo al respecto?», solo tenemos dos opciones, ¿no es cierto?

Si puedes, pues ¡qué caray, hazlo!

Si no puedes, no puedes. ¿Por qué malgastar el tiempo preocupándonos por lo que no podemos cambiar? No puedo cambiar tener un solo testículo, pero sí puedo hacer algo respecto a la historia que me cuento a mí mismo. Leslie no puede cambiar el hecho de que tuvo un aborto. Pero como pareja podíamos elegir crear otra versión que evitara la duda eterna y el sentimiento de culpa.

Y por último la pregunta tres.

3. ¿Es esto una historia que me estoy contando?

¿Estás dispuesto a ponerte un poco metafísico?

¡Porque esta es la gran pregunta!

Esto va de eliminar, una tras otra, todas las pequeñas historias que asociamos a los verdaderos hechos de nuestra vida. Muchas veces asociamos historias a hechos... *y ni siquiera lo sabemos*. Presta atención. Busca la verdad absoluta. Desecha todos esos apegos mentales que te provocan sufrimiento innecesario. Elimina, elimina y elimina hasta que encuentres la esencia pura y objetiva, y entonces usa esa esencia para contarte una historia diferente.

Así que tengo un testículo. Algunas mujeres tienen un pecho. Algunas personas tienen un pulmón. Una pierna. Padecen ansiedad, alcoholismo o alzhéimer. Todos tenemos algo. La clave de esta pregunta está en separar lo que tenemos de aquello a lo que nos apegamos. Se trata de encontrar el hecho esencial y observar qué historias nos hemos montado al respecto. «Tengo un testículo» es muy distinto a «estoy desfigurado y no tengo la menor oportunidad de encontrar pareja». Lo primero es un hecho, lo segundo es una suposición. «Soy alcohólica» es muy diferente a «mi familia jamás confiará en mí». «He suspendido el examen de Biología» es muy diferente a «les he fallado a mis padres».

Estas son las tres preguntas:

¿Me importará esto en mi lecho de muerte?

¿Puedo hacer algo al respecto?

¿Es esto una historia que me estoy contando?

Esto no implica que sea fácil.

Solo significa que en nuestro viaje hacia la resiliencia y hacia lo increíble, en nuestro camino para fortalecernos, reconocemos que tenemos la oportunidad de ser amables con nosotros mismos y que podemos utilizar algunas herramientas para ayudarnos a alcanzar nuestra meta. Porque lo cierto es que la mayor parte de lo que pensamos es un montaje que nos contamos a nosotros mismos.

Solo tú puedes decidir qué historia contarte.

Así que mejora tu versión de esa historia.

Añade puntos suspensivos

▫

Cambia de enfoque

▫

Considéralo un peldaño

▫

Cuéntate otra historia

SECRETO 5

Pierde más para ganar más

uando tenía quince años, mi profesora de Matemáticas, la señorita Hill, me invitó a unirme a una feliz banda de super-triunfadores, para hacer una peregrinación de talentos a un campamento universitario de una semana.

Unas semanas más tarde, me encontraba en el asiento trasero del oxidado Toyota Corolla de la señorita Hill, realizando un viaje de tres horas por la autopista hacia la Universidad Queen, encajado entre un par de agradables chicas de caderas afiladas.

Cuando llegamos para nuestra estancia de una semana, nos condujeron a nuestras habitaciones y al bufé libre y se nos dijo que nos inscribiéramos en un cursillo corto. Las chicas se inscribieron en filosofía y alemán, mientras que yo asistí al de ciencias informáticas. Pero estaba entusiasmado porque el tema de la semana era «Cómo crear un sitio web».

Esto era un gran acontecimiento. ¡Iba a pasar una semana creando un sitio web! Internet era algo nuevo. Y me iba a pasar toda la semana aprendiendo el lenguaje HTML básico y JavaScript. El profesor nos enseñó a visitar sitios web y a pulsar «Ver fuente» en el navegador Netscape, para leer su código.

Esto me dio una idea. *Tal vez pueda hacer un sitio web tremendo.*

Me pasé los dos últimos días de clase creando «El refugio de Neil de HTML y JavaScript».

Me pasé todo un día para diseñar el título como yo quería. Buscando en los comandos de HTML, hice la fuente grande en cursivas, negrita, de color verde lima, sobre un fondo púrpura y, por supuesto, siempre parpadeante.

¡El refugio de Neil de HTML y JavaScript!

¡El refugio de Neil de HTML y JavaScript!

¡El refugio de Neil de HTML y JavaScript!

El sitio web empezó a funcionar en el mes de mayo de 1995. Reunía y compartía todos mis códigos de JavaScript y HTML para ayudar a otros a crear su propio sitio web. Mi meta era responder a preguntas importantes, pertinentes y cruciales de otros interesados en la creación de su página, por ejemplo:

- «¿Cómo *se* hace para que tu título parpadee en color verde lima?».
- «¿Cómo *se* hace para conseguir tener siempre una carita sonriente guiñando el ojo?».
- «¿Cómo *se* hace para añadir un balón que esté siempre botando?».

Ahora recordemos que estoy hablando de 1995 y que Internet era muy primitivo. Estamos hablando de años antes de que existieran YouTube, Google, Wikipedia o Facebook. Nadie tenía conexión a Internet, salvo alguna que otra familia rica que podía costearse tener un ordenador Compaq Presario en un rincón de la sala de estar, que utilizaban para conectar con la empresa de servicios de red Prodigy y mostrar a los invitados ¡cómo se cargaba lentamente el logo rojo de Yahoo! Todo el mundo se reunía alrededor del aparato, como si fuera una hoguera en el campo, a observar cómo se cargaban cansinamente diez cuadrados rojos gigantes, que lentamente cargaban cien cuadrados rojos más pequeños, que a su vez cargaban mil diminutos cuadrados rojos... ¡que lentamente cargaban la palabra *Yahoo*!

Al final de la semana, lancé mi sitio web y cuando la biblioteca de mi instituto tuvo conexión a Internet en uno de sus ordenadores, unas semanas más tarde, pude teclear la dirección de mi sitio web —completa con el sinfín de números, barras y tildes— y enseñárselo a mis compañeros.

Se quedaron boquiabiertos.

Todo el mundo estaba sorprendido.

Nadie tenía uno.

¡Y mira el contador de visitas! Ya tenía cien. ¿Quiénes eran aquellas personas? ¿Dónde vivían? ¿Qué ropa llevaban? ¿Cómo encontraron el sitio y qué habían obtenido de él?

No importaba.

El subidón que me proporcionaron esas cien visitas fue increíble.

Cada vez que tenía la oportunidad, iba a la biblioteca a ver cuántas visitas tenía. Cada vez veía que el número aumentaba lentamente. Me costó un poco darme cuenta de que la mayoría de esas cien visitas eran mías, de la semana que había estado creando el sitio web, porque probablemente no había nadie más que pudiera encontrarlo aunque se lo propusiera.

Aun así imploré a mis padres que compraran un ordenador ese verano, a fin de que pudiera seguir trabajando en mi sitio web, y nos convertimos en una familia con Compaq Presario* y Prodigy.**

---

* N. de la T.: Línea de ordenadores.
** N. de la T.: Videojuego.

Entonces, de repente, mi sitio web se apagó.

Supongo que algún barbudo con una camiseta de videojuegos Pac-Man, del departamento de informática de la universidad,
limpió el caché o algo similar, porque un día mi sitio sencillamente
desapareció. Estaba frustrado, pero seguía teniendo ganas de crear
y compartir algo con el mundo.

En los siguientes quince años inicié muchos sitios web.

Muchos blogs.

Muchas ideas.

La meta era siempre la misma: ver cuánta gente me visitaba.

Quince años.

Quince años.

Eso es mucho tiempo. Una eternidad. **Es dar, dar y dar, sin
recibir nada a cambio.**

¿Y cómo sabemos cuando estamos dando sin cesar sin recibir
nada a cambio que vamos en la buena dirección?

No podemos ver la escalera invisible, ¿verdad?

Entonces, ¿cómo podemos confiar en el camino cuando nos
parece que estamos fracasando una y otra vez?

Bueno, recordemos que perder no siempre es malo.

A veces, es el paso exacto que hemos de dar.

1

«Hazlo gratis durante diez años»

A veces, hago sesiones de preguntas y respuestas después de dar una charla y alguien levanta la mano y me dice algo parecido a esto: «Bien, felicidades por el éxito de *The Book of Awesome*. Mi pregunta es: ¿cómo consigo que me paguen millones por escribir sobre tirarse pedos en un ascensor?».

La pregunta viene a ser como decir: «Te ha tocado la lotería. ¿Qué puedo hacer para que a *mí* también me toque?».

Siempre respondo del mismo modo, con una frase que tomé de Todd Hanson, exeditor principal de la revista humorística *The Onion* [La cebolla]. Fue entrevistado por Mike Sacks para su libro *And Here's the Kicker: Conversations with 21 Top Humor Writers on Their Craft* [Aquí está lo mejor de todo: conversaciones con veintiún de los mejores humoristas sobre su arte]. Dijo que cada vez que algún sabelotodo le hace la pregunta: «Bueno ¿cómo consigo un trabajo de contar chistes en el que me paguen como a ti?», les da una respuesta muy sencilla.

«Hazlo gratis durante diez años».

Por todas partes oímos historias de personas que generan millones al instante y de pequeñas empresas de fugaz crecimiento que son vendidas a Google por miles de millones de dólares a los dos meses de su lanzamiento. Clicamos en los vínculos que nos prometen «los siete trucos de treinta minutos para conseguir unos abdominales de tableta de chocolate en tres semanas». Vamos locos por descubrir quién o qué hay tras la cortina del mago de Oz –soluciones rápidas, respuestas fáciles, atajos–, pero lo que buscamos no está allí.

No queremos escuchar que algunas cosas, sencillamente, *necesitan tiempo*.

Sencillamente, necesitan tiempo.

Implican muchos fracasos, muchas pérdidas, mucha experiencia.

Así que pregúntate.

- «¿Estoy adquiriendo experiencia?».
- «¿Me ayudarán estas experiencias?».
- «¿Puedo seguir este camino durante algún tiempo?».

Unas veces la respuesta será no. Otras la respuesta será sí. Pero las respuestas nos ayudarán a apuntar al hecho de que estás aprendiendo, haciendo, tal vez fracasando, pero te estás moviendo...

Entonces, ¿qué te hace falta?

2

Encabeza el desfile de los fracasados

En 1996, mi amigo Chad y yo creamos un sitio web que se llamaba «Cuando era niño» (*When I Was a Kid*). Lo llamamos *WIWAK* (por sus siglas en inglés) para abreviar. La página consistía en comentarios ingeniosos sobre las cosas que creíamos cuando éramos niños, como:

> «Pensaba que vivían peces en la cama de agua de mi primo».

O:

> «Pensaba que las cajas verdes de la estación eléctrica del final de la calle era donde se imprimían los periódicos».

O:

> «Pensaba que la cosita que cuelga en la parte posterior de la garganta era para separar la bebida de la comida».

Pusimos nuestra dirección de correo electrónico al pie de la página para que los visitantes remitieran su propio *WIWAK*, pero nunca lo hizo nadie, salvo mi hermana, que confesó que pensaba que los perros eran machos y los gatos hembras.

Así que sin incluir a mi amigo Chad y a mí mismo, el *sitio web* tuvo un solo visitante.

En 1997, formé equipo con mis amigos Rob y Tom para lanzar LabelZero.com. Nuestra intención era conseguir que hubiera músicos que subieran música gratuitamente a nuestro sitio y, entonces, antes de que los usuarios pudieran descargársela, tendrían que ver un anuncio o rellenar una encuesta. Por desgracia, después de haber comprado el nombre del dominio, el sitio quedó aparcado en mi mesa de *ping-pong* del sótano, ya que nos dimos cuenta de que no teníamos ni la más remota idea de cómo tratar ni con las compañías ni con los músicos, ni de cómo programar el sitio o cualquier otra cosa relacionada con él. Podríamos decir que lo que nos pasó es que nuestras ambiciones superaron nuestras habilidades.

Reflexionemos un momento sobre esta idea.

Nuestras ambiciones superaron nuestras habilidades.

Lo que normalmente se nos pasa por alto cuando hablamos de este tema es que el hecho de que nuestras ambiciones superen nuestras habilidades *es bueno*. ¡Eso es a lo que has de aspirar! ¿Te imaginas que todo lo que hicieras fuera fácil?

Ser ambicioso significa que tienes una visión artística. Significa que eres capaz de imaginar el producto final, aunque no sepas cómo hacerlo... todavía. Significa que has de desarrollar lo más difícil, eso que no se puede comprar con ninguna suma de dinero y que es más difícil de aprender que ninguna otra cosa.

El gusto.

Significa que tienes gusto.

Y al final del día, el gusto no se diferencia tanto de la visión. El gusto significa que sabes lo que quieres, que sabes adónde vas y que ahora te encuentras en alguna parte del camino fangoso que te conduce hasta allí.

Cuando las ambiciones superan las habilidades es un claro indicativo de que estás en el camino correcto. Significa que quieres que tu *podcast*, tu grupo de lectura, el equipo de *softball* que estás entrenando, el programa de *software* que estás diseñando, la fiesta sorpresa que estás planificando o el gran informe que estás preparando... sea mejor.

Y significa que sabes cuánto mejor puede ser.

Querer que sea mejor es un verdadero don.

Significa que vas a seguir intentándolo.

Significa que vas a seguir fracasando.

Significa que vas a seguir aprendiendo.

¡Sin duda alguna es mejor que hacer un trabajo mediocre y estar satisfecho!

Cuando fui a la Universidad Queen pasé la mayor parte del tiempo escribiendo para el periódico humorístico del campus, el *Golden Words* [Palabras de oro]. Y cuando no escribía para el *Golden Words*, creaba sitios web.

Formamos un grupo con unos amigos dentro de mi programa de negocios, para lanzar Ghettohouses.com.

Ese fue mi cuarto sitio web y el primero que me hizo saborear un poco el éxito.

Todo el mundo se quejaba del gueto estudiantil que había alrededor de la universidad. Era el nombre que se le daba al millar de casas destartaladas infestadas de mapaches y ratas, cubiertas por tejados en ruinas y lonas de plástico. El barrio estaba gobernado por un oligopolio de jefes del tugurio, así que mis amigos y yo creamos un sitio web, en el que los visitantes podían poner su dirección y escribir sobre el sitio de mala muerte donde estaban viviendo en el barrio. Las propiedades se podían buscar por el nombre del propietario o por la dirección, y con el tiempo, los datos del pasado y los inquilinos actuales irían sumando casos contra los propietarios. ¡Íbamos a ayudar a la gente a derrocar el sistema!

El sitio se hizo lo suficientemente popular como para que recibiéramos unos doscientos casos. «¡No le alquiles a Bill Lee! —decía uno de los que escribían comentarios—. Nuestra nevera del 105 de la calle Cherry cierra con velcro, el lavabo de nuestro cuarto de baño nunca ha drenado bien el agua y las habitaciones de arriba tienen un ángulo tan inclinado que a mis compañeros de piso les dura una hora el mareo después de levantarse por la mañana».

Vendimos el sitio web al Gobierno estudiantil de la universidad* por mil dólares y nos repartimos el dinero entre cinco. El Gobierno estudiantil inmediatamente desactivó el sitio para evitar pleitos y le cambió el nombre, lo llamó «Casas para estudiantes»; todos los comentarios primero tenían que ser aprobados y nadie podía decir nada difamatorio.

Me alegré de recibir mis doscientos dólares, pero sentí que me habían comprado y me frustró ver que el sitio murió en el proceso.

Luego vino mi blog sobre la compañía LiveJournal al que le puse por nombre *Taut Twisted Tightness* [Tensa tensión retorcida], donde me deleitaba escribiendo sobre las virtudes de las manzanas

---

* N. de la T.: Entidad que hace de enlace para los estudiantes tanto en temas universitarios como con organizaciones externas.

Granny Smith, los polos de chocolate y los mecheros para barbacoas. ¿Sabes una cosa? Otro sitio web que no funcionó.

Ya voy por el quinto sitio web. Pasaron unos diez años desde que pude saborear mi primer chute de dopamina derivado de El refugio de Neil de HTML y JavaScript y *todavía seguía buscando* el siguiente gran subidón. ¡Diez años! Y esos fueron los sitios que llegué a materializar, no todos los que había imaginado o de los que hablaba con mis amigos constantemente.

¿Terminaron ahí mis intentos?

Claro que no.

Para el sexto sitio, me asocié con un exguionista del programa del presentador David Letterman, al que había conocido por Internet, para iniciar The Big Jewel [La gran joya]. Esta vez, pagué a un conocido diseñador gráfico para que creara una marca y un logotipo. Teníamos una agenda legítima para colgar los artículos ¡uno nuevo cada miércoles! En conjunto acabó siendo un plagio del diario satírico *The Onion*, de la editorial sin ánimo de lucro McSweeney's Internet Tendency [Tendencia para Internet de McSweeney] o de la sección humorística «Shouts & Murmurs» [Gritos y murmuraciones] de la revista *New Yorker*. Utilizamos el sitio para comercializar nuestros servicios de escritura humorística para revistas, periódicos y otros sitios web. Resulta que canalizar tus esfuerzos en una industria moribunda no funciona. En los siguientes tres o cuatro años, mientras escribíamos, publicábamos y compartíamos propuestas, recibimos la increíble suma total de *cero* consultas sobre nuestros servicios de pago y tal vez unos miles de visitas.

Seis sitios web fallidos en una docena de años. Seis fracasos antes de crear mi nuevo sitio web.

Mi siguiente sitio web fue 1000AwesomeThings.com [1000cosasasombrosas.com]

En ese tiempo no tenía ni idea de que este sitio sería mi gran éxito. Pero lo fue. Ganó tres premios Webby en la categoría de «Mejor Blog», de la Academia Internacional de Artes y Ciencias Digitales. Tuvo más de cincuenta millones de lectores. Fue lo que me condujo a escribir *The Book of Awesome* y toda una serie de secuelas y derivados, hasta la fecha en que estamos manteniendo esta conversación.

¿A qué me refiero?

A que pierdas más para ganar más.

3

¿Qué tienen en común los fotógrafos de bodas, el T-1000 y Nolan Ryan?

Algunas veces, realmente impera la cantidad sobre la calidad. ¿Te has preguntado alguna vez cómo los increíbles fotógrafos de bodas son capaces de captar momentos tan perfectos? Yo sí. Todos dicen lo mismo. «Simplemente hago muchas más fotos. Hago unas mil fotos durante las tres horas que dura la boda. Eso supone una foto cada diez segundos. Por supuesto que así voy a conseguir cincuenta buenas tomas. ¡Voy a descartar novecientas cincuenta fotos para conseguirlas!».

Ya he hablado de Todd Hanson, exeditor de *The Onion*. ¿Qué es lo que decía él? «¡Hazlo gratis durante diez años!».

Seth Godin da un consejo similar en una entrevista que le hicieron en *El show de Tim Ferriss*: «Mi número de fracasos excede con creces al de la mayoría de las personas y me siento muy orgulloso de ellos. Me siento más orgulloso de los fracasos que de los éxitos, porque se relacionan con la idea de "¿es esto generosidad? ¿Servirá para conectar? ¿Ayudará a cambiar a las personas para mejor?

¿Vale la pena intentarlo?". Si cumple con estos criterios y puedo arreglármelas para hacerlo, entonces es que debo hacerlo».

Seth fue entrevistado por Jonathan Fields sobre su popular *podcast* de autoayuda *Good Life Project* [Proyecto de la buena vida]. «Soy un gran fan del "¡Puf!"». ¿Qué es eso? Pones a prueba una idea y si no te funciona: ¡Puf!, a otra cosa, mariposa!

El título de este libro es *Eres increíble*.

¿Y qué haré si fracasa este libro?

Bueno... ¡Puf!

Paso a lo siguiente.

No me interpretes mal. ¡Quiero que sea un éxito! Me gustaría hablar sobre este libro y sobre sus ideas en entrevistas, y conocer gente a la que la haya ayudado, cambiado o le haya servido para evolucionar de forma significativa. Por eso quiero que sea un éxito. ¡Eso es lo que deseo!

Pero eso no *depende* de mí.

Lo único que puedo hacer es *tomar más fotos*.

Lo único que puedo hacer es lo que estoy haciendo ahora y lo que sea que haré después.

Esa es la cuestión.

He de seguir adelante con mi siguiente libro, charla, proyecto, mi siguiente lo que sea, tanto si este libro es un superventas como si no. Tú también has de seguir adelante.

¿Qué sé acerca de conseguir lo increíble?

Lo que sé es que hemos de dejar de contemplar a las personas que tienen éxito como si fueran productos de ese éxito. De un éxito tras otro. Porque ¿sabes qué es lo que realmente estamos contemplando? Personas que son muy buenas en seguir adelante a pesar de sus fracasos.

Seguir adelante a pesar de los fracasos es el verdadero éxito.

Forjar resiliencia es el verdadero éxito.

Los fracasos y las pérdidas forman parte del proceso para cualquier persona que esté dispuesta a intentarlo. Todos los que triunfan nadan en estanques de fracasos. Se tragan sus fracasos y se ahogan en ellos. Están cubiertos por montones de fracasos. Tienen pegado el fracaso en su pelo y debajo de sus uñas.

¿Cuál es la meta?

Ser como el T-1000.

¿Recuerdas el malo de metal líquido de la película *Terminator 2*? Que te hieran en el hombro. Que te hieran en el muslo. Deja que se curen las heridas rápidamente, mientras te aferras a tu sonrisa amenazadora y sigues avanzando, siempre hacia delante. ¡Ojo con los tanques de acero fundido en medio del almacén abandonado! Podrían matarte. Pero, afortunadamente, no hay muchos por ahí.

Cuando era pequeño, mi padre me compró *The Complete Major League Baseball Statistics* [Las estadísticas completas de la Liga Mayor de Béisbol], un libro en tapa rústica de color verde. Me hizo mucha ilusión y lo guardé durante años en mi habitación. Lo ojeé muchas veces.

Mientras observaba las cifras, empecé a darme cuenta de algo interesante.

Cy Young era el que contaba con más victorias de la historia del béisbol (511).

Cy Young también era el que contaba con más derrotas (316).

Nolan Ryan era el que contaba con más *ponches* (5.714).

Nolan Ryan también era el que tenía más bases por bolas (2.795).

¿Por qué el jugador con más victorias era también el que acumulaba más derrotas? ¿Por qué el jugador con más *ponches* era también el que contaba con más bases por bolas?

Es fácil.

Sencillamente, eran los que más jugaban.

Los que más lo intentaban.

Los que más se sobreponían a la derrota.

No se trata de cuántos cuadrangulares hagas.

Sino de cuántos turnos al bate hagas.

Los triunfos se acumulan cuando acumulas el número de veces que te subes al plato.

Pierde más para ganar más.

4

La magia transformadora de la hipertrofia

Hipertrofia.

¡Qué extraña palabra! A mí me evoca la imagen de una figura de bronce, de sesenta centímetros, unida a una base de madera como las del árbol de Navidad.

«¡Felicidades! ¡Ha ganado el torneo de golf! Aquí tiene su cheque gigante de cartón y una hipertrofia masiva. Puede que necesite un Uber XL para regresar a casa».

Pero resulta que la palabra *hipertrofia* no tiene nada que ver con un premio gigante, pero sí con los músculos de tu cuerpo.

Cuando vas al gimnasio y levantas cada vez más peso sientes esa quemazón. Resoplas, sudas y fuerzas el crecimiento muscular al máximo. ¡Al límite!

¿Qué sucede en el plano microscópico?

Que estás rompiendo los músculos. Estás haciendo diminutos cortes en el tejido.

Esto le da un nuevo sentido a la palabra *triturado*.

¿Cuál es la moraleja?

Pues que esos cortes diminutos, esas pequeñas rasgaduras, esos microtraumas parecen peligrosos, pero cuando descansas los tejidos se reparan, lo cual, en última instancia, ayuda a que los músculos aumenten de tamaño y se fortalezcan.

Cortes diminutos. Pequeñas rasgaduras. Pequeños fracasos.

Al final, te hacen más fuerte.

Pierde más para ganar más.

5

El error de todos los discursos de graduación

«**H**az lo que te apasione».

Este es el mensaje de todos los discursos de graduación, ¿verdad?

«Haz lo que te apasione».

¿Puede haber una frase más estereotipada que esta?

Apuesto a que si hicieras analizar por ordenador las frases más comunes de todo discurso de graduación de los últimos treinta años, es muy probable que «haz lo que te apasione» estaría la primera junto con «¡oh, qué lejos llegarás!» y «*¡carpe diem!*».

Pero en esos discurso falta una línea: «¿Te apasiona tanto como para aceptar el esfuerzo y el castigo que conlleva?».

Esta línea se omite en las charlas y es igualmente importante.

Mark Manson, autor de *The Subtle Art of Not Giving a F**ck* [El sutil arte de que no te importe una m**rda], dice algo sobre esto en *The Marie Forleo Podcast*:

La razón por la que he triunfado como escritor es porque me gusta escribir. Desde que era niño, siempre he sido el chico que participaba en las páginas sobre escritura y que explicaba por qué todos estaban equivocados y era el muchacho molesto en Facebook que inicia discusiones políticas por una causa justa. Me encanta escupir palabras sobre... temas que otras personas odian escribir, disfruto haciéndolo.

Mark quería ser músico de *rock*, pero los inconvenientes del camino —cargar con equipos, tocar en antros, repetir la misma progresión de acordes durante seis horas— no le seducían demasiado. No disfrutaba con esos inconvenientes. Con esos fracasos. Pero sí disfrutaba con el esfuerzo de escribir y con los pequeños fracasos que inevitablemente se producen en el proceso de ser mejor escritor.

¿Te apasiona tanto como para aceptar el esfuerzo y el castigo que conlleva?

La cuestión es que has de aceptar el esfuerzo y el castigo a lo largo del camino que te conduce hacia lo que deseas.

¿Quieres rescatar a la princesa del castillo? Entonces tendrás que asumir los arañazos que te harán los arbustos del sendero. Porque si no lo haces, no podrás salvarla. ¿Quieres encontrar otro trabajo? Entonces tendrás que aceptar el hecho de que tendrás que enviar un centenar de currículums, hacer una docena de entrevistas y ser rechazado en cada una de ellas, salvo en una. ¡Eso duele! Pero es el esfuerzo y el castigo que conlleva conseguir un nuevo trabajo. ¿Quieres encontrar pareja? Espero que te guste tener un centenar de citas que no llevan a ninguna parte y que te rompan el corazón tres veces. ¿Recuerdas el estudio sobre si ya te habías hartado de tener aventuras de una noche? El camino es duro.

Hazte la pregunta del millón.

¿Te apasiona tanto como para aceptar el esfuerzo y el castigo que conlleva?

6

Tres sencillas formas de lograr este secreto

Cy Young es el que tiene más derrotas.
Nolan Ryan es el que tiene más bases por bolas.

Todd Hanson dice: «Hazlo gratis diez años».

Los fotógrafos de bodas reconocen: «Sencillamente, hago muchas más fotos».

Y yo acabo de compartir mi historia de haber creado infinidad de blogs durante años, antes de conseguir un bombazo. Así que digamos que estás conmigo. Sabes que los fracasos cosechan más éxitos. En el fondo lo sabemos.

Pero ¿cómo lo ponemos en práctica?

Bueno, concluyamos con tres cosas clave que te ayudarán a acelerar tu índice de fracasos y, por consiguiente, tu habilidad para reconocer si estás en el camino correcto, cuándo has de tomar otra dirección y cuándo has de redoblar tus esfuerzos.

Aquí están.

1. Ve a fiestas (en las que no conozcas a nadie)

El éxito bloquea el futuro éxito.

Supongamos que eres bueno en algo y tu cerebro, como el mío, quiere seguir persiguiendo lo mismo. ¿Has encontrado petróleo? ¡Negocio redondo! Estás con algo bueno. Pero el problema es que cuando empiezas a hacerlo y a acumular, también *te estás perdiendo* el resto de las opciones, todos los demás esfuerzos, los fracasos que podían haberte conducido a un mayor éxito, como quiera que tú lo definas.

Por ejemplo, te metiste en el negocio de las agencias inmobiliarias a los veinte, vendiste unas cuantas propiedades y sentiste que realmente habías conseguido algo. ¡Fantástico! Pero eso también significa que vas a seguir jugando a ese juego y que tal vez nunca llegues a descubrir que de no haber abandonado el *ballet* a esa edad, ahora estarías trabajando en Broadway.

El éxito bloquea el futuro éxito.

Aquí el punto que intento aclarar es que cuando eres bueno haciendo algo, el universo se confabula para que continúes haciéndolo. Sigue en tu carril. Cíñete a tu especialidad. Nadie tiene la culpa. Para desenvolvernos en este volátil, caótico, ambiguo y complicado mundo, todos necesitamos etiquetas mentales para filtrar y ordenar a las personas que tenemos en nuestra vida. «¡Tú eres mi amigo agente inmobiliario!», piensan tus amigos. Así que cuando conversas con ellos en su fiesta de cumpleaños, lo haces sobre el mercado de inmuebles, sobre los tipos de interés y sobre cuándo les conviene vender. Todas esas conversaciones interminables *sirven para profundizar en tu propio conocimiento* sobre este tema, para *hacer que tengas más éxito* en esta área y afianzar todavía más tu identidad, lo cual hace que te sea cada vez más difícil romper mentalmente con ese patrón y explorar oportunidades y cosas nuevas.

¿Cuál es la solución?

Ir a fiestas.

En las que no conozcas a nadie.

Acepta invitaciones en sitios alejados de tu entorno, lee un libro de un autor del que nunca has oído hablar, compra una entrada para un concierto de un género musical que desconoces, tómate un cóctel en el hotel después de tu vuelo, participa en la reunión *online* de alguna afición que tenías abandonada y, por supuesto, ve a fiestas.

¿Te resultará raro? ¿Incómodo? A veces. Seguro que a veces sí. Puede que no llegues a conocer a nadie. Tal vez tengas tres charlas superficiales y no conectes con nadie. Tal vez te marches pensando que has perdido el tiempo. Es un riesgo que has de asumir. Es el inconveniente. El fracaso en potencia.

Pero ¿cuál es el beneficio en potencia?

El beneficio en potencia es que puede que conozcas personas interesantes en lugares interesantes.

El beneficio en potencia es que cambiarás de carril, descubrirás nuevas formas de pensamiento y, poco a poco, irás saliendo de los sacos de dormir mentales en los que has estado enfundado.

Y tal vez tu experiencia provoque y agilice que te surjan nuevas ideas, que te atrevas a seguir probando, que asumas nuevos riesgos y vivas nuevas aventuras. Seguro que algunas veces fracasarás, pero también aprenderás.

Pierde más para ganar más.

2. Cuenta con un presupuesto para tus fracasos

¿Guardar un dinero para los fracasos? ¿Estoy de broma?

No. ¡No lo estoy! Ahorra dinero para cuando fracases. Puede que te parezca extraño. Pero reserva una cantidad que puedas utilizar para probar cosas al azar. ¡Supón que será un fracaso! Pero pruébalo de todos modos. Quizás veinte dólares en una marisquería para comer ostras, doscientos dólares para aprender a boxear o mil dólares para ir a un festival de música lejano.

Si te funciona lo de utilizar una cifra cerrada, estupendo. Perfecto. Pero si no eres exactamente un buen administrador, también uso otro modelo mental que puede suponer una forma más sencilla de pensar en esto.

Implica decidir de cuántas cifras dispones para el juego. Llamémoslo el **Juego del Número de Cifras.**

Me explico.

Cuando creaba todos esos sitios web, era un juego de dos cifras. ¿Diez dólares para comprar una URL? Bien, ese gasto estaba aprobado. Pero ningún otro. Sabía que se trataba de un juego de dos cifras, porque no tenía dinero. Me podía permitir riesgos de dos cifras, dos cifras para experimentos, para fracasos, pero eso era todo. No podía asumir riesgos de tres cifras, porque no podía permitirme un fracaso de tres cifras. ¿Y cuatro cifras? De ningún modo. Eso significaba que no podía contratar diseñadores gráficos para el sitio web Cuando era niño, nada de subir Ghettohouses. com a un servidor superrápido, ni pensar en comprar una hora de asesoramiento a algún experto retirado de la industria musical para LabelZero.com.

Ni hablar.

Era un juego de dos cifras.

¿Cuál era mi cantidad para afrontar los fracasos? Cualquier cosa que costara dos cifras.

Cuando creé *1000 cosas asombrosas*, pasé al juego de tres cifras. Entonces ya era adulto. Tenía un trabajo. Pensé que si quería probar algo, cualquier cosa, y me costaba tres cifras o menos, lo haría. Hice imprimir sellos, pegatinas y postales para la campaña de lanzamiento de mi libro. Cambié el sitio a un servidor superrápido. A petición de algunas emisoras de radio, me puse (¡contén la respiración!) línea de teléfono fijo para hacer entrevistas desde mi casa.

Algunos de esos riesgos de tres cifras funcionaron. Otros no. **Pero recuerda: siempre ganas algo, siempre aprendes algo.** Y dime si te interesa un lote de cinco mil pegatinas antiguas, ¿vale?

Estos días mi *podcast 3 Books* es un ejemplo de gastar mi presupuesto para fracasos. Realmente quería hacer un *podcast* sin anuncios, sin patrocinadores, sin publicidad, tan solo una hermosa obra de arte. Para mí. Así que me gasté unos cinco mil dólares al año para crearlo. Dinero en vuelos para ir a entrevistar a mis invitados, gastos de producción, de equipo de grabación. Es un gasto de cuatro cifras del «presupuesto para fracasos» que me encanta invertir cada año. ¿Por qué? Porque me ha ayudado a mejorar notablemente mi capacidad de aprendizaje.

¿Puedes seguir subiendo? Pues claro. ¿Cuánto quieres subir? Bien, si eres una estrella del *hip-hop* o un multimillonario de la tecnología, tal vez puedas permitirte cifras de siete números. La cantidad depende de ti. De tu grado de comodidad. De tu tolerancia al riesgo. No es mi función decirte qué cantidad te has de gastar en fracasos. Solo pretendo darte un modelo mental que puedas aplicar en tu vida para acelerar tu índice de pérdida y, por consiguiente, tu índice de ganancias.

Pierde más para ganar más.

3. Cuenta tus pérdidas

Siempre oímos decir: «Cuenta tus bendiciones».

La idea es que cuando estás hundido en la miseria es bueno recordar todas las cosas por las que puedes estar agradecido para animarte. ¿Creo en eso? ¡Por supuesto! Por eso escribí *1000 cosas asombrosas.* Literalmente, tenía que escribir mil cosas asombrosas para contar mis bendiciones y animarme, mientras procesaba la pérdida de mi matrimonio, de mi casa y de la vida que había conocido hasta entonces. Necesitaba contar esas bendiciones para ayudar a mi mente a superar aquello y a verlo como un peldaño más.

Pero ¿sabes lo que jamás contamos?

Nuestros fracasos. Nuestras pérdidas. Las veces que tropezamos y nos caemos.

Escribir este libro supuso recordar por primera vez todos aquellos sitios web que fracasaron. Cuando empecé a escribir este capítulo pensé: «He de contarle a la gente mis tres fracasos con los sitios web, *antes* de tener éxito». Cuando empecé a escribir, recordé un cuarto. Mientras corregía, recordé un quinto. Luego un sexto. Seguían apareciendo en mi mente. Probablemente haya otros que he olvidado por completo, porque su corta vida fue de unas dos semanas.

Me sentí bien recordando todos esos fracasos.

En un principio, estaban en una parte de mi cerebro que deseaba borrar. ¡No compartir! Mantener en silencio. **Pero lo cierto es que cuando revisamos nuestros fracasos, en realidad, estamos reivindicando todo lo que hemos aprendido, la capacidad de aguante y la resiliencia que forjamos en esos momentos en los que nos volvemos algo más fuertes.**

Contar nuestras pérdidas y sentirnos orgullosos de nuestros fracasos es muy difícil. Francamente difícil. Nos han enseñado a ocultar los fracasos, a avergonzarnos de ellos. Y aquí estamos hablando de llevarlos como si fueran condecoraciones.

Si escribes un diario, procura anotar tus éxitos *y* tus fracasos. Sé sincero y cuenta tus fracasos cuando se produzcan. Sé amable contigo mismo al reivindicar la autoría por cada uno de ellos.

¿Qué escribo?

«He dedicado tiempo y dinero a crear un sitio web que nadie visitó. ¡Vaya desastre! Pero creo que he encontrado un gran desarrollador de sitios web, que podré usar la próxima vez. Y como el dominio es mío, puedo probar algo nuevo o venderlo. Hoy le he gritado a mi hijo pequeño. Me siento fatal cuando hago eso. Estaba cansado y tenía hambre. Pero eso no es excusa. He de recordar que me he de llevar tentempiés y hacer pausas como hace él».

No es fácil reconocer el fracaso. Pero puedes hacerlo. ¡Anúncialo a bombo y platillo! Enorgullécete de él. Porque has aprendido de la experiencia y han sido los tropiezos a lo largo del camino los que te ha conducido hasta aquí. No estarías aquí sin el allí. Ni puedes llegar allí sin el aquí.

Esto a la gente le cuesta mucho.

Porque significa que las parejas no pueden ocultar todas sus relaciones fallidas cuando inician una nueva. No me refiero a que tengas que contarlo todo en la primera cita, como si fuera un muestrario de cerámica pintada. ¡No se trata de confundir el recuento de fracasos con la falta de juicio! A lo que me refiero es que cuando has creado confianza en una relación, es el momento de *exponerlos*. Sé sincero y comparte lo que has aprendido de cada uno.

Esto es muy difícil.

Porque los líderes no pueden fingir que sus currículums son un ejemplo de perfección. «¡Esta es la lista de sitios maravillosos en los que he trabajado y de los maravillosos resultados que he obtenido!». *Síííí, coooorrecto.* Eso no se lo traga nadie. Sabemos que eres humano. ¿Lo sabes tú? Si no es así, tienes un grave problema.

No confiamos en las personas que no han fracasado y mucho menos en las que ni siquiera saben que han fracasado o que pretenden hacernos creer que no han fracasado.

Hemos de hablar de nuestros fracasos. Deslices. Cuantos más tengamos, más creceremos. Así que sácalos a la luz. Los trabajos en los que lo hiciste fatal, cometiste errores, te despidieron. Las relaciones en las que fracasaste. Las metas que no cumpliste. Sabemos que te ayudaron a seguir evolucionando. Comparte eso. Hazlo ahora. Reconocer tus errores no solo te hará más humano, sino que ser sincero sobre tus tropiezos y resbalones significa que valoras cómo has llegado hasta aquí.

Reconocer ese crecimiento te ayuda a darle visibilidad y valorarlo.

Hazlo gratis diez años.

Asume más fracasos.

Haz más fotos.

Y habla de ello.

Pierde más para ganar más.

Añade puntos suspensivos

□

Cambia de enfoque

□

Considéralo un peldaño

□

Cuéntate otra historia

□

Pierde más para ganar más

SECRETO 6

Saca a la luz para curarte

urante los dos años que estudié en Harvard, volé con frecuencia de Toronto a Boston y de Boston a Toronto. El vuelo duraba menos de dos horas y siempre iba en aviones sin fila de asientos en medio. Solo dos largas filas de dos asientos a izquierda y derecha del avión.

Así que siempre tenía una sola persona al lado.

De alguna manera, la duración del viaje y el tipo de avión solían propiciar que iniciara una intensa conversación con la persona que tenía al lado. Y cuando digo intensa, quiero decir intensa. Del tipo de conversación en que la persona con la que estaba hablando empezaba a llorar y me susurraba: «Ha llegado el momento de que me tome en serio lo de mi peso» o «Realmente, necesito ver a mi hijo. Pronto dejará de ser pequeño».

¿Te ha pasado alguna vez?

Creo que nos pasa a muchos.

En un vuelo más corto, no vale la pena el esfuerzo. Prácticamente, te sientas y te levantas. ¿Quién tiene tiempo para una conversación profunda? Y en un vuelo transoceánico, olvídalo. Nos llevamos libros para leer, preparamos diapositivas para una presentación, nos ponemos al día con el correo electrónico. Hacemos planes para ocho horas. Es como: «Me encantaría charlar, pero tengo un montón de cosas que hacer».

Pero si la duración del vuelo es juuuuustamente la correcta y la disposición de los pasajeros es juuuuustamente la adecuada, tu fila de asientos puede convertirse en un pequeño confesionario en las nubes.

Porque cuando se reúnen todas las condiciones, nos sentimos libres para ser nosotros mismos. No estamos probando, no estamos poniendo buena cara, no pretendemos que *esta* relación llegue a ninguna *parte*. Todos sabemos que en un par de horas todo terminará con un «hasta pronto» de dos segundos. No te conozco, ni tú me conoces, nunca conoceremos a nuestras respectivas familias, ni a nuestros respectivos amigos.

¡Qué peso nos sacamos de encima!

Sin embargo, al mismo tiempo, nos tenemos mutuamente.

Menos riesgo, menos prejuicios, menos carga.

Eso es fabuloso para conversar en el cielo.

Compartir con extraños.

Una noche, en mi vuelo de Boston a Toronto, sentí una fuerte conexión con un asesor calvo y con barba, de unos cuarenta y tantos. Mientras él comía cacahuetes, fuimos entrando paulatinamente en una conversación sobre el amor, las relaciones y la vida.

Casi al final del viaje, le dije:

—¿Puedo... preguntarte... cuál ha sido tu primera impresión de mí?

Sabía que era muy difícil conseguir que alguien te dijera algo así, pero puesto que habíamos sido tan sinceros, estaba seguro de que me diría la verdad. No tardó ni un segundo en responder.

—Bien, me has parecido un tipo arrogante. Llevabas puestos los auriculares, el ordenador a punto, así que pensé: «Este seguro que va a machacar al asistente de vuelo sobre el menú y le va a pedir la lista de ingredientes del humus» —me respondió.

Nos reímos y disfrutamos de un divertido momento de unión, pero evité preguntarle su nombre o pedirle una tarjeta, para no estropear nuestro frágil momento de anónima proximidad.

Estábamos aterrizando. Bajó la intensidad de las luces, sonó el aviso de *abrocharnos los cinturones*. Las persianas de las ventanillas estaban subidas y revelaban rascacielos luminosos sobre un fondo de cielo que estaba oscureciendo. Fue uno de esos momentos como los de estar sentado junto al fuego cuando vas de acampada, pero la versión moderna, solo faltaban los troncos chisporroteando y la fresca brisa del lago.

No sé qué fue lo que me impulsó a hacerlo, pero me giré hacia él y le dije:

—Oye, amigo, nunca más nos volveremos a ver, pero he conectado contigo. Así que si quieres decirme algo, *dímelo*, sabiendo que no me volverás a ver, solo porque te apetece hacerlo. Quiero que sepas que, como amigo tuyo temporal, te voy a escuchar y me alegraré de recibir lo que me digas. Sé que es raro, pero lo digo porque he sentido una conexión contigo.

Y respondió:

—Oh, oh... guau..., bueno... Dios mío..., bien, sabes que estoy casado, ¿verdad? Y, um, bueno, supongo..., supongo que no sé... si esto es correcto. Supongo que no sé... si debería.

Yo intentaba con todas mis fuerzas no mostrar ninguna emoción y recibir lo que fuera que estuviera intentando decirme, aunque mentalmente estaba pensando: «Oh, noooo», así que solo dije: «Sí..., sí..., entiendo, bueno, sí, dime...».

Al final dijo:

—Esto te va a sonar muy mal, amigo, pero he de decírselo a alguien. Sé que suena fatal, pero... creo que soy más inteligente que ella. Creo que decir esto es lo peor. Sencillamente, siento que no conectamos. Creo que no puedo estar con alguien que no entiende mis chistes, a quien no le interesan las mismas cosas que a mí, que no quiere ver las mismas películas. ¡Así que es un gran problema! Creo que la raíz del problema es que no tenemos conexión intelectual.

Pausa.

Pausa larga.

—Eso es duro —le dije.

Asintió con la cabeza.

—Sí, lo siento. Yo, um... *gracias*.

Volvió a dejarse ir sobre su asiento y sentí que ese hombre había liberado una emoción muy profunda y difícil. Como si un trozo de metal oxidado hubiera estado contaminando su sangre y, por fin, se lo hubiera podido sacar del estómago, después de estar allí durante años. Esas palabras habían estado alojadas en algún lugar muy profundo, siempre presentes, siempre presionando para salir, y de pronto, salieron... y ahora se podían colocar en un recipiente de hojalata, junto a la mesa de operaciones para ser examinadas adecuadamente bajo los focos.

Sus pensamientos *subieron un peldaño*... y parecía como si, de repente, hubiera accedido a un nuevo campo de pensamientos que aún tenía que explorar.

El avión se detuvo con una frenada y nos despedimos, antes de tomar nuestro equipaje de cabina y bajar del avión.

Fue una conversación de avión profunda y un bello momento, y pensé que ahí había terminado todo.

... pero entonces...

... al cabo de un año...

... lo volví a encontrar.

Como he dicho, tomaba mucho ese vuelo. Así que un día cuando me bajé del avión en Boston, ¡allí estaba él! ¡El asesor calvo y barbudo a la espera de embarcar en el mismo avión!

No íbamos a viajar juntos esta vez, pero yo estaba a punto de pasar por su lado.

Él me miró y yo lo miré. Y cuando mi rostro estaba tan solo a unos pasos del suyo, lo miré directamente a los ojos y observé que se sorprendía.

Como si hubiera visto un fantasma.

Parecía asustado.

Inmediatamente, tuve la sensación de que había decidido seguir con su esposa. Que había vuelto a enterrar profundamente sus sentimientos o que, tal vez, al procesarlos, había sido capaz de verlos desde otro prisma y de una forma más positiva. Quizás se dio cuenta de que se había equivocado. Quizás seguía con ella por los hijos. O por razones económicas. Tal vez vio que el problema era más complicado.

Sea como fuera, sentí que su mirada de miedo me transmitía algo parecido a «oh, no, es el hombre al que le conté mi terrible secreto... y aunque quería liberarme de él, que desapareciera, se esfumara, todavía sigue vivo, siendo real y existiendo».

Parte del trato bajo el cual me hizo aquella confesión fue mi promesa de que no nos volveríamos a ver. Y ahora, allí estaba yo, cara a cara. Rompiendo mi promesa.

Sus ojos de susto, su mandíbula tensa y la rigidez de su cuerpo me transmitieron que tenía que mantener la boca cerrada, pasar rápidamente por su lado y desaparecer lo antes posible.

Así que eso es lo que hice.

Y ahora, realmente, *no lo he vuelto a ver.*

Luego...

¿Por qué te he contado esta historia?

¿Qué significa esto para ti, para mí y para nosotros?

Bien, te lo voy a decir.

Significa que todos necesitamos un método de confesión contemporáneo.

Significa que en nuestro mundo caótico y ruidoso necesitamos un lugar para aclarar nuestros pensamientos, para que cuajen y se desprendan de nosotros. Estamos que reventamos. ¡Muy heridos! Recordamos tantas veces nuestros sufrimientos y problemas, y dejamos que se arremolinen y giren en nuestro interior como si fueran tornados, que a veces nos identificamos con ellos y llegamos a creer que *son nuestra verdadera identidad*, en lugar de ser simplemente *algo que estamos procesando*.

La cuesta resbaladiza puede hacer que nos quedemos en el fondo más tiempo del necesario. Resbalamos, damos vueltas y nos estancamos atormentándonos a nosotros mismos.

Pero hay una salida.

Un sendero hacia lo increíble.

1

¿Cuál es la religión que más se está expandiendo en el mundo?

Tenemos muchas palabras y frases para *liberaciones físicas*. Orgasmos. Donar sangre. Sudarlo. Toser a pleno pulmón. Pero no tenemos tantas para *liberaciones mentales*.

En todo caso, lo máximo que hacemos es describir *cómo* surgen, pero no tenemos demasiadas palabras para explicar lo *que* surge. Ataques de pánico, episodios maníacos, ataques de histeria. Esos términos describen el *cómo*. Describen la imagen de que se puede agitar un refresco de cola en un tórrido día de verano y lanzarlo por el aire antes de que aterrice sobre una acera caliente. Así es como acaban manifestándose muchas de nuestras liberaciones mentales. En un vómito espumoso y burbujeante, cuando ya no podemos seguir reprimiéndolas en nuestro interior.

¿Puedo hacerte una pregunta?

¿Eres una persona religiosa?

Bueno, a mí no me importa si lo eres o no. Te quiero de todos modos. La razón por la que te hago esta pregunta es porque si eres budista, cristiano, mormón, judío o musulmán, probablemente sepas el papel que juega la *confesión* en tu religión.

De acuerdo, es otra forma distinta de liberación mental.

Y aunque no sepas cómo funciona la confesión en una religión específica, sí sabrás que, en general, desempeña un papel principal.

Imagina el típico gánster trajeado y con zapatos de piel arrodillado en un confesionario de una iglesia católica, mirando por la celosía y diciendo: «Perdóneme, padre, porque he pecado. Le apreté las tuercas a Big Louie[*] en la charcutería y luego me tiré a su mujer».

¿Por qué es tan importante la confesión en la religión?

Porque según la Iglesia católica, además de ganarte la gracia de Dios, la confesión *aporta curación para el alma*.

Curación para el alma.

Sí.

Muchas religiones creen que es bueno descargar el pecho.

La confesión es una forma de liberación mental, pero tiene más que ver con un procesamiento reflexivo que con una lata de cola previamente agitada.

Sin embargo, aunque la confesión suponga una liberación mental increíble, muchos de nosotros no la utilizamos.

¿Por qué?

Bueno, según la revista *National Geographic*, la religión que más crece en el mundo es el «ateísmo». Las encuestas revelan que el aumento del «ateísmo» se está produciendo a un ritmo más rápido de lo previsto. Francia, Holanda y Nueva Zelanda pronto tendrán una mayoría de población secular, y Reino Unido y Australia están a punto de perder sus mayorías cristianas.

---

[*] N. de la T.: Louis Valliano conocido como Big Louie es un mafioso famoso, varias veces encarcelado por asesinato y otros delitos graves.

¿Qué está pasando? La revista *PLOS One* publicó un estudio titulado «Generational and Time Period Differences in American Adolescents' Religious Orientation, 1966-2014» [Diferencias generacionales y temporales en la orientación religiosa de los adolescentes estadounidenses, 1966-2014]. Sí, el título parece un trabalenguas. Pero el artículo revela que los *millennials* de hoy en día son la generación menos religiosa en seis décadas. ¿Se debe a que cambian más de lugar y están menos conectados a una iglesia, templo o centro de culto de su comunidad? ¿Es porque tienen familias más reducidas, y no imparten valores a sus hijos ni los encarnan ellos mismos con la misma frecuencia que antiguamente? ¿Se debe a que al tener mayor esperanza de vida les parece más lejana la situación de tener miembros de la familia que padezcan una enfermedad grave o que estén moribundos, para lo cual la religión siempre ha sido de gran ayuda? Puede que sean algunas de estas cosas. Puede que sean otras. Sea como fuere, esto implica que cada vez somos menos los que acudimos a un confesionario religioso.

Y hay otro problema: además del declive de la iglesia, hay que sumar el de la sociedad en general. Cada vez hay más norteamericanos que viven solos. ¡Un cuarenta por ciento! Y los índices de soledad se han duplicado en los últimos treinta años. Las autoridades sanitarias nos advierten de la epidemia masiva de tabaquismo y obesidad. Pero en una historia de portada de la publicación *Harvard Business Review*, el excirujano general Vivek Murthy dijo que la gran epidemia que está por llegar es la de la soledad. Ya no charlamos tanto con nuestros amigos. Y los informes revelan que tenemos menos amigos de confianza en la actualidad que hace veinticinco años.

De modo que, en esta era de creciente secularismo, del aumento de la soledad, ¿qué podemos hacer para liberarnos mentalmente?

2

Un millón de postales nos muestran lo que necesitamos

uchas veces, conectamos con otras personas virtualmente.
Compartimos nuestras experiencias en foros, respondemos a
comentarios sobre blogs e incluso enviamos anónimamente nuestras confesiones a desconocidos a través de una postal.

¿En serio?

Sí, Frank Warren se ganó el sobrenombre del «Desconocido en el que más se confía en América», después de haber iniciado, en 2005, un proyecto de arte denominado PostSecret (Secretos postales), que se hizo viral. Cada domingo, publica en PostScret.com, una serie de confesiones anónimas que le han enviado en postales. Hasta la fecha ha recibido un millón de postales, que lo han ayudado a crear el blog sin anuncios más grande del mundo y que ha recibido casi mil millones de visitas. PostSecrets también ha sido la fuente de inspiración de una serie de superventas y de una exposición de arte itinerante que ha recorrido desde el Museo de Arte Moderno de Nueva York hasta el Instituto Smithsoniano de Washington y el Museo Nacional de Bellas Artes de Taiwán.

Todo ello de confesiones contemporáneas.

Todo a raíz de coleccionar y compartir confesiones y secretos de gente de todo el mundo.

PostSecret es una sorprendente y conmovedora reflexión sobre las cosas que no decimos. Nos ayuda a ver que para curarnos hemos de expresar lo que sentimos.

Le estoy muy agradecido a Frank Warren, por haber tenido la gentileza de organizar esta miniexposición de postales para este libro. ¡Una pequeña exposición de arte a mitad del libro! Ahí va:

Traducción: Este sábado cuando te preguntabas dónde estaba, pues bien, estaba comprando tu anillo. Ahora lo tengo en mi bolsillo.

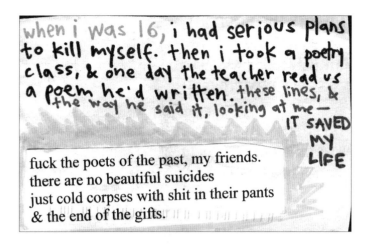

when i was 16, i had serious plans
to kill myself. then i took a poetry
class, & one day the teacher read us
a poem he'd written. these lines, &
the way he said it, looking at me —
IT SAVED
MY
LIFE

fuck the poets of the past, my friends.
there are no beautiful suicides
just cold corpses with shit in their pants
& the end of the gifts.

Traducción: A los dieciséis años, pensaba muy seriamente en suicidarme. Entonces, fui a una clase de poesía y, un día, el profesor nos leyó un poema que había escrito. Estas líneas, la forma en que las leyó, mirándome a mí, me salvaron la vida.

A la mierda con los poetas de antaño, amigos míos.
No hay suicidios bellos.
Solo cadáveres fríos con los pantalones llenos de mierda y el fin de los regalos.

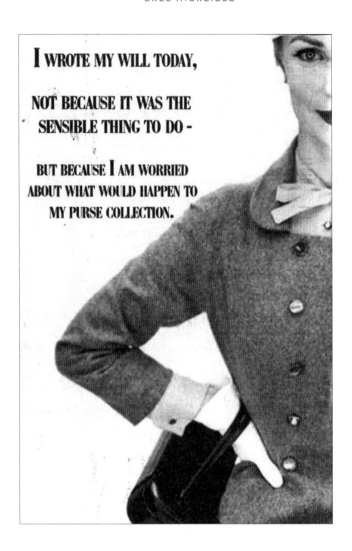

Traducción: Hoy he escrito mi testamento,
no por hacer las cosas bien,
sino porque me preocupa lo que pueda pasarle a mi colección de bolsos.

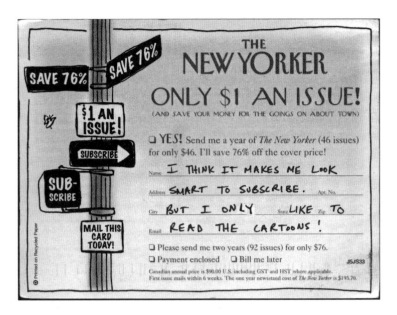

THE NEW YORKER

¡SOLO 1 $ EL NÚMERO!

(y ahórrate tu dinero para tus paseos por la ciudad)

¡SÍ! Suscríbanme para un año de *The New Yorker* (46 números) por solo 46 dólares. ¡Me ahorro el 76% del precio de la portada!

Nombre: Creo que me hace parecer

Dirección: inteligente estar suscrito. **Puerta:**

Población: pero solo **Provincia:** me **Código postal:** gusta **E-mail:** ¡leer las viñetas!

❏ Por favor, deseo una suscripción para dos años (92 números) por solo 76 dólares.

❏ Pago adjunto   ❏ Pasen el pago por el banco

Precio anual para Canadá 90$ estadounidenses, impuestos incluidos

Primer envío a las seis semanas. El coste de un año comprado en un quiosco es de 193,70 dólares.

Cartelitos del poste de arriba abajo:

Ahorra el 76%   Ahorra el 76%

1 dólar el número

Suscríbete   Suscríbete

¡Envía esta postal hoy!

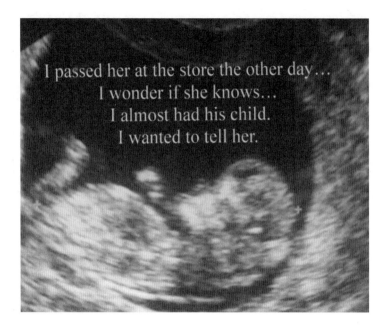

Traducción: Me la crucé en la tienda el otro día...
Me pregunto si ella sabe...
que casi tuve al hijo de su marido.
Quería decírselo.

Traducción: Antes trabajaba con un grupo de personas religiosas muy estiradas, así que a veces no llevaba bragas y me presentaba con una gran sonrisa riéndome para mis adentros.

Traducción: Le estoy muy agradecido a mi psiquiatra. Lo vi cuando tenía diecinueve años y me dijo que volvería a estar bien. Me salvó la vida.

Traducción: Todo aquel que me conoció antes del 11-S cree que estoy muerto.

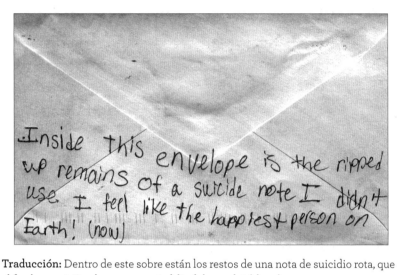

Traducción: Dentro de este sobre están los restos de una nota de suicidio rota, que al final no usé. ¡Soy la persona más feliz del mundo! (ahora).

Traducción: Creo que una librería me salvó la vida.

Traducción: Siempre que tengo un orgasmo oigo la voz de Oprah* en mi cabeza diciéndome: «¡Has ganado un coche! ¡Y tú también! ¡Y tú también!».

---

* N. de la T.: Oprah Winfrey, en uno de sus programas, regaló un coche de alta gama a todos los asistentes del público y repitió esta frase hasta la saciedad.

3

La práctica matinal de los dos minutos

ara curarnos hemos de sacar a la luz.

Así es como procesamos las cosas, nos decimos que estamos bien, que estamos avanzando, y sí, también que somos maravillosos.

Sacar a la luz para curarnos se refiere a la liberación mental que tiene lugar cuando *cristalizamos* y *expulsamos* todas las ansiedades que flotan en el fondo de nuestra mente.

Cuando fui a un terapeuta por primera vez después de mi divorcio, al final de cada sesión, prácticamente, salía dando saltos de alegría.

Acababa de expulsar mis pensamientos —mis pensamientos de ansiedad, mis pensamientos extraños, mis pensamientos locos— tanto si tenían sentido como si no. Mi cuerpo sentía el subidón de esa cristalización y expulsión. Ese sacar a la luz para curarme. ¡Ese orgasmo mental! El proceso me ayudó a ordenar, a aclarar y a confirmar mis sentimientos. Y en última instancia, a seguir adelante.

Lo sentí con tanta fuerza como cualquier otra liberación física que he experimentado. A raíz de esto, las *liberaciones mentales planificadas* —expulsión caótica de pensamientos— se han convertido en una parte muy importante de mi día a día, y ahora son un hábito.

Muy pocas personas tienen algún tipo de régimen especial en el que le comuniquen sus pensamientos a un profesional o hagan algo conscientemente y de manera proactiva para que las ayude a procesarlos. ¡Hacer terapia es fabuloso! Pero no está al alcance de todos. Los terapeutas públicos tienen una larga lista de espera (incluso aunque los tengas en tu comunidad) y los privados son caros. ¡Comprensiblemente caros! Pero caros a fin de cuentas. No importa cuál sea tu estigma social. Este varía según la zona cultural o geográfica en la que vivas. Lo que quiero decir es que recuerdo la mirada de «¿qué te pasa?» que solía recibir de las personas a las que les decía que iba a terapia. Alardeamos de nuestros increíbles entrenadores o profesores de yoga, pero rara vez lo hacemos de nuestros terapeutas que nos ayudan a procesar todos los sentimientos de culpa que acarreamos desde nuestra infancia.

Entonces, ¿cuál es la opción más viable aparte de la ayuda profesional?

¿Cómo podemos cristalizar y expulsar?

La confesión contemporánea.

Pero ¿cómo podemos practicarla?

He reflexionado sobre esto durante mucho tiempo desde aquella experiencia confesional con el asesor calvo y barbudo del avión.

Se sintió muy *aliviado* después de decirme lo que realmente pensaba de su matrimonio y, luego, *horrorizado* ante la idea de que ese secreto no hubiera desaparecido de nuevo en las tinieblas. ¡La reflexión es que necesitamos desesperadamente el alivio que nos aporta la confesión! Pero también necesitamos hacerlo de forma segura. ¿PostSecret? Eso es anónimo. Sin remitente. Sin nombre. Una forma segura de sacar a la luz para curarse.

Una investigación fascinante publicada en la revista *Science* por la neurocientífica Stefanie Brassen y sus colaboradores confirma lo terapéutico que puede ser revelar cosas. Su estudio, que llevaba por título «Don't Look Back in Anger!: Responsiveness Missed Chances in Successful and Nonsuccessful Aging». [¡No vuelvas la vista atrás con resentimiento: capacidad de respuesta frente a las oportunidades perdidas cuando se sabe envejecer y cuando no se sabe], revela que aprender a lamentarse menos, a medida que envejecemos, fomenta el contentamiento y la felicidad. El estudio también demuestra que aferrarnos a los lamentos nos vuelve más arriesgados y agresivos en el futuro. Así que las personas más felices y sanas son las que son conscientes de las cosas que lamentan y eligen liberarse de ellas.

Pero ¿cómo?

¿Quieres saber cómo hacerlo?

Aquí tienes la práctica matinal de los dos minutos.

Cada día tomo una tarjeta de un fichero o un diario y escribo estos tres inicios de frase:

Voy a liberarme...

Doy gracias por...

Me concentraré en...

Todos los días completo las frases.

En una de las más recientes puse:

Voy a liberarme de mi afán por compararme con Tim Ferriss.

Doy gracias por el olor a hojas mojadas que hay en la puerta de mi casa.

Me concentraré en corregir otro capítulo de mi libro.

Solo me lleva dos minutos y el cambio que ha supuesto en mi vida ha sido *inmediato* e *increíble*.

Completar tres sencillas frases me ayuda a «garantizarme el éxito de la mañana», lo cual a su vez me «garantiza el éxito del día».

Todos estamos despiertos durante unos mil minutos al día. ¡Eso es! ¿No crees que vale la pena dedicar dos minutos a reforzar los otros novecientos noventa y ocho minutos restantes? Es una increíble ayuda que puedes utilizar para crecer.

Expresar un poco de ansiedad mental en un trozo de papel ha sido sumamente revelador para mí. Porque, por raro que parezca, siempre que escribimos nuestras pequeñas ansiedades, estas desaparecen.

Tengo dos kilos y medio de grasa en la barriga.

Me preocupa adónde irá a estudiar mi hijo el año que viene.

Creo que dije algo incorrecto en un correo electrónico que escribí ayer.

¿Quieres saber qué sucede cuando reviso mi diario semanas más tarde? «Oh —pienso para mí—, ¿de qué correo se trataba?». A veces, ni siquiera puedo acordarme del motivo de mi preocupación.

¿Qué pasa con las grandes ansiedades? Supongamos que tu madre está enferma. Muy enferma. Puede que sean sus últimos días. ¿Te ayudará la práctica matinal de los dos minutos? Sí, lo hará. Porque lo estás diciendo, lo estás procesando y estás admitiendo lo que sientes al respecto, de modo que puedes examinar y reconocer la carga.

Además, la segunda frase —«Doy gracias por...»— te obliga a buscar pequeñas cosas positivas, incluso en medio de un trance tan doloroso. «Pude leerle a mi madre el cuento que me leía cuando era pequeño», «La enfermera Jasmine me trajo un café», «Todos mis hijos han venido a casa a pasar el fin de semana por primera vez este año».

Es una sencilla práctica que aporta un rápido respiro terapéutico y un breve momento de presencia en nuestra mente orientada hacia el futuro. Esta práctica nos ayuda a sentirnos mejor y a hacer más cosas, porque nos estamos liberando mentalmente. Estamos sacando a la luz para curarnos. Estamos mejorando el lugar que ocupa nuestra mente. Estamos sacando nuestra mejor versión.

Gracias al gran estudio de Sonja Lyubomisrky, Laura King y Ed Diener, denominado «The Benefits of Frequent Positive Affect: Does Happiness Lead to Success?» [Los beneficios del afecto positivo frecuente: ¿conduce al éxito la felicidad?], sabemos que si afrontas el día con una mentalidad positiva tendrás un treinta y uno por ciento más de productividad, un treinta y siete por ciento más de ventas y tres veces más creatividad que tus coetáneos. Eso son grandes beneficios, todos ellos conseguidos gracias a unos breves momentos de soltar tu mente, sentir agradecimiento y concentrarte un poco en lo que vas a hacer.

- «Voy a liberarme de... mi obsesión por mi marca de nacimiento peluda en el brazo».
- «Voy a liberarme de... mi vergüenza por haber abandonado la clase de *spinning* a los cinco minutos, totalmente exhausto».
- «Voy a liberarme de... preocuparme por haber asustado a mi hijo de tres años al gritarle para que se pusiera los zapatos».

Revelado.

Sanado.

¿Y qué me dices de la gratitud? ¿Por qué hemos de asegurarnos de que escribimos las razones? Las investigaciones de los catedráticos Robert Emmons y Michael McCullough confirman que si escribes cinco razones para estar agradecido a la semana, estarás claramente más feliz y físicamente más sano al cabo de diez semanas. Y cuanto más específico mejor. Escribir «familia, comida y trabajo» o algo igualmente vago, una y otra vez, no nos ayuda a ser más felices. Nuestra mente no *revive* ninguna experiencia específica de ese modo. Prueba cosas como:

- «Doy gracias por... que Trooper ha aprendido a dar la pata».
- «Doy gracias por... que oliera a rollos de canela en la estación de tren».
- «Doy gracias por... que Rodríguez bajara el asiento del inodoro».

Supongo que te haces una idea.

Me imagino lo de escribir dando gracias después de haberme liberado de mi ansiedad como si fuera una especie de pulidora de hielo Zamboni que alisara mis redes neuronales, puliéndolo todo, salpicando agua fresca sobre mis pensamientos.

Y por último, el punto de enfoque.

¿En qué nos ayuda «Me concentraré en...»?

Bueno, cuando has revelado y curado, cuando has limpiado tu pista de hielo mental, es el momento de romper la interminable lista de cosas que *podrías* hacer y concentrarte en las cosas que *harás*.

¿Por qué? Porque si no lo haces, revisarás mentalmente tu lista de cosas que podrías hacer durante todo el día. Y tener que decidir te fatigará. La energía de tomar decisiones utiliza una parte especialmente compleja del cerebro y malgastamos energía sin darnos cuenta, en cualquier momento en que no estamos concentrados en algo. Tal como manifestaron Roy Baumeister, catedrático de Psicología de la Universidad Estatal de Florida, y el periodista de *The New York Times*, John Tierney, en su libro *Willpower: Rediscovering The Greatest Human Strengh* [Fuerza de voluntad: redescubre la mayor fortaleza del ser humano]:

> La fatiga de tomar decisiones nos ayuda a entender por qué las personas sensibles se enfadan con sus colegas y su familia, despilfarran en ropa, compran comida basura en el supermercado y no se pueden resistir a la propuesta del concesionario de hacerle un tratamiento antióxido a su coche nuevo. Por más racional que seas o por más principios que tengas, no puedes tomar una decisión tras otra sin pagar un precio biológico. Es diferente de la fatiga física ordinaria —no eres consciente de que estás cansado— pero te falta energía mental.

Liberarme del estrés de esta manera, a primera hora de la mañana, me ayuda a evitar darle vueltas a una preocupación durante el día.

Escribir algunas cosas por las que estoy agradecido me ayuda a ser más positivo todos los días.

Y concentrar mi atención en una gran meta para cada día que tengo por delante es la guinda del pastel.

Limpiar hielo y limpiar pensamientos para volver a tomar el rumbo correcto.

Saca a la luz para curarte.

Añade puntos suspensivos

▫

Cambia de enfoque

▫

Considéralo un peldaño

▫

Cuéntate otra historia

▫

Pierde más para ganar más

▫

Saca a la luz para curarte

Busca estanques pequeños

¿Te has aburrido alguna vez de lo que estabas haciendo? Por supuesto. ¡A todos nos ha pasado! Nos apuntamos a hacer cosas que luego ni siquiera empezamos. Nos ponemos a hacer actividades que no acabamos. Terminamos en alguna parte y miramos a nuestro alrededor sin tener idea de cómo hemos llegado hasta allí.

Quizás te has ido a vivir a un vecindario donde todo el mundo tiene mucho más dinero que tú y un coche mejor. Has aceptado un trabajo en una empresa donde la gente habla en un lenguaje que no entiendes. Te has casado y has tenido un hijo con una persona que no estás seguro de que sea de tu agrado. *Cometemos errores.* Exponernos a situaciones nuevas forma parte de la vida, pero a veces son muy incómodas o terminan mal. Hay momentos en los que solo piensas en apretar el botón de despegue y volar hacia Marte.

Así es como me sentí la mayor parte del tiempo que estuve en Harvard. Respetaba la facultad, me inclinaba ante los profesores, adoraba a mis compañeros, pero no me identificaba con las carreras que veía que escogían los graduados. ¿Por qué iba a aspirar a sentarme en una sala de juntas sin ventanas para ayudar a una compañía rica a hacerse más rica y aconsejarle cómo despedir a diez mil personas? ¿Por qué iba a aspirar a ayudar a la fusión de dos empresas solo para satisfacer el ego de algún presidente ejecutivo multimillonario? ¿Por qué iba a aspirar a esclavizarme en un equipo de *marketing* desesperado por vender más ambientadores de aire?

¡Estos trabajos no tienen sentido!

Pero recordemos que... pagan muy bien. Si el mundo está hecho de engranajes y palancas, muchos de estos trabajos son los que los hacen girar. Sentía que aspiraba al estilo de vida hacia el que me orientaba la universidad, pero al mismo tiempo, no le veía sentido.

Este era el contexto en el que me encontraba hasta que el decano John McArthur me contó una historia con la que me sentí profundamente identificado y que recuerdo cada vez que intento ser más fuerte.

Voy a compartirla a continuación.

1

La transformadora historia del decano

Cuando llegué a la Escuela de Negocios de Harvard me pidieron que les enseñara mis tres últimas declaraciones de la renta para ofrecerme asesoramiento económico. Así que recopilé todos los documentos. Mis ingresos sumaban algo menos de cincuenta mil dólares... en total... por tres años.

¿Por qué?

En los tres años precedentes, no me había comido un rosco porque todavía era estudiante. Y lo mismo me sucedió cuando trabajaba en mi restaurante y no me daba ni para cubrir mi sueldo.

Y en medio de ese empate a cero estaba mi trabajo en Procter & Gamble, con mi salario de cincuenta y un mil dólares más extras. O al menos parte de él, porque no llegué a completar el año.

Estaba un poco acomplejado por tener que enviar mis cuentas a Harvard, pero al cabo de dos meses cambió la situación cuando recibí una carta por correo donde me comunicaban: «¡Enhorabuena! ¡Eres tan pobre que te concedemos una ayuda económica!».

Descubrir que de pronto ya no necesitaba un préstamo de setenta mil dólares fue como si me hubiera tocado la lotería. Pero recibía muchas llamadas telefónicas en las que me ofrecían cruceros gratis al Caribe, así que volví a leer la carta para comprobar que era auténtica.

Resultó serlo. Resultó que yo, al igual que muchos otros alumnos canadienses, fuimos los afortunados receptores de la Ayuda Económica para Canadienses de John H. McArthur.

John McArthur fue decano de la Escuela de Negocios de Harvard desde 1980 hasta 1995, y él, también canadiense, creó este sistema de ayuda económica para pagar la educación de cualquier canadiense que fuera a estudiar allí y no le sobraran los fajos de billetes.

Me invadió un amor profundo por ese anciano desconocido para mí, así que cuando fui a Harvard me pasé toda una noche escribiendo una carta de agradecimiento de cinco páginas, en la que hablaba de mi vida, de mis fracasos, de todo lo que me había conducido hasta allí y de todo lo que quería hacer en el futuro.

Antes de reflexionar sobre si esa persona querría recibir una carta eterna de un perfecto desconocido, la sellé con un beso y la deposité en un buzón de correos de la plaza Harvard.

¡Al cabo de unas semanas me llamaron de la oficina de John McArthur para invitarme a comer con el benefactor!

Me debieron de notar muy nervioso, porque la asistente tuvo que calmarme. «No te preocupes. Solo quiere conocerte —me dijo. Y susurrándome añadió—: No recibimos muchas cartas de agradecimiento de cinco páginas».

Así que entre clases, un par de semanas más tarde, fui a la oficina de John McArthur, que se encontraba detrás de unos gigantescos robles, en un edificio recubierto de parras, en un rincón del campus.

Me acompañaron hasta su despacho. Se giró en su silla, me sonrió, se levantó y me dio la mano.

—Neil, siéntate —me dijo, indicándome la mesa redonda que había en medio de su despacho, donde nos esperaban dos sándwiches empaquetados—. Espero que te guste el atún.

Esperó pacientemente a que escogiera entre las múltiples sillas que había para sentarme y entonces se sentó en la que estaba a mi lado. Llevaba un cárdigan informal y unas gruesas gafas que hacían equilibrios sobre su nariz. Y me sonrió con una gran ternura, como si fuera un viejo amigo, con humildad, gentileza, cercanía.

Algo me llamó especialmente la atención, era un cuadro que tenía colgado en la pared de atrás y que me parecía que era de algún artista muy famoso. ¿Se trataba de un Picasso?

Se dio cuenta de que estaba mirando el cuadro.

—Ah, el cuadro. Un dirigente extranjero nos lo regaló. No podíamos colgarlo en la residencia del decano por, bueno...

Seguí mirando el cuadro, a medida que su voz se desvanecía, y observé que representaba un toro con una gigantesca erección azul.

Me reí y empezamos a hablar.

—¿Cómo te ha ido hasta ahora?

—Bueno, un poco estresado. Empezamos las clases hace unas semanas y estudio hasta medianoche leyendo casos y preparándomelos. Las empresas ya han empezado a visitarnos. Todo el mundo quiere trabajar en las cinco mismas empresas, así que tomamos cerveza con asesores millonarios y banqueros que tienen grandes bolsas negras debajo de los ojos, con la esperanza de llegar a ser como ellos, incluidas sus oscuras ojeras.

Hizo un gesto de sorpresa levantando las cejas y se rio.

Se produjo una pausa.

Entonces me contó una historia que cambió mi vida, y ahora que lo pienso, valió más la pena que todos los gastos que me estaba pagando.

—Neil, en estos momentos, no eres más que un muchacho ilu-
sionado que está de pie viendo la playa desde lejos. Estás mirando
desde la valla. La playa está cerrada, pero pronto abrirá. Puedes ver
la arena, oler el mar, ver a media docena de gente guapa tomando
el sol en bañador. Pero ¿sabes quién hay a tu lado también mirando? Un millar más de personas ilusionadas igual que tú. Todas están
entusiasmadas. Se aferran a la valla. Todas quieren entrar. Y cuando
se abre la verja, todas corren para conseguir un sitio en la arena caliente e intentan seducir a las mismas personas que están tomando
el sol. Tus probabilidades de éxito son muy bajas.

Asentí con la cabeza. Ya había pasado por la selección en el
campus en Queen. Fue muy dura. Cientos de horas buscando empresas, adaptando el currículum para cada una de ellas, escribiendo
cartas de presentación, cumplimentando solicitudes por Internet,
comprando ropa para las entrevistas, haciendo búsquedas para pre-
parármelas antes de presentarme a ellas, escribiendo y enviando
notas de agradecimiento después de estas y, por último, el soberbio
estrés de esperar semanas o meses para obtener una respuesta.

—Salte de la playa —me dijo—. Deja que corran los otros miles
de personas y que luchen entre ellas. Deja que se muerdan, se cla-
ven las uñas y se arañen. Y por supuesto, deja que alguna de ellas
gane a alguno de los que están tomando el sol. Pero lo mejor es
salir de la playa. Porque aunque llegaras a ganar, ¿sabes lo que tendrías que hacer constantemente en esa playa? Mirar por encima del
hombro. Estar pendiente de quién se va a quejar de ti y enviarte a
un puesto más bajo. Probablemente no llegues a ganar. Pero si lo
haces, ganarás una vida cargada de estrés.

En el campus, vivía en un estado de ansiedad permanente. Las
clases me provocaban ansiedad porque me preocupaban las notas, y
estas me provocaban ansiedad porque me preocupaban los trabajos,
y estos me provocaban ansiedad porque me preocupaba el dinero.

Y allí había un hombre ofreciéndome consuelo.

—Pero si no termino en uno de esos trabajos —le respondí— no tendré dinero. He conseguido su ayuda económica porque no tengo dinero. Tenía la esperanza de corregir ese problema.

—Te irá bien —me dijo riendo—. Es una sencilla cuestión de números. **En el mundo hay muchos más problemas y oportunidades que personas con talento y trabajadoras que puedan resolverlos.** El mundo necesita talento y trabajo duro para resolver sus problemas, así que las personas talentosas y trabajadoras tendrán infinitas oportunidades.

Sus palabras fueron como si me hubiera untado con una loción de calamina sobre una urticaria caliente y enrojecida que se encontraba en el centro de mi alma. Lo que él me estaba diciendo era... *diferente*.

—Entonces, si dejo la playa, ¿adónde voy? —le pregunté cautelosamente siguiendo con la metáfora.

—¿Qué es lo que crees que puedes ofrecer? Eres joven. No tienes mucha experiencia. Pero estás aprendiendo. Eres apasionado. Das ideas a la gente y les transmites energía. ¿Y quién necesita eso? No las compañías estelares que tienen *jets* privados, sino las que están *arruinadas*. *Las que están en bancarrota.* Las que *pierden dinero.* Las que están *luchando por sobrevivir.* Esas son las que te necesitan. Lo último que van a hacer es enviar equipos a Harvard para seleccionar talentos. Pero si llamas a sus puertas y entras, escucharán tus ideas, te ofrecerán grandes puestos donde podrás aprender mucho y te tomarán en serio. Participarás en las reuniones, en vez de limitarte a tomar notas. Aprenderás más deprisa, adquirirás experiencia más rápido y harás cambios para ayudar a una empresa que verdaderamente lo necesita.

Se produjo una larga pausa, mientras yo digería lo que me estaba diciendo.

Piensa un poco en esto.

La Escuela de Negocios de Harvard contaba con un ejército de personas dedicadas a planificar, a ejecutar y a guiar a los estudiantes en el proceso de las selecciones que se realizan en los campus. Era un departamento enorme. Talleres para visualizar la carrera. Bolsas de trabajo. Sesiones informativas. Noches de cervezas y cenas con las empresas. Primeras, segundas y terceras rondas de entrevistas en el campus.

Y allí estaba yo con el decano, que me estaba aconsejando que mandara todo eso a paseo. Que pasara de esa dinámica por completo y me dedicara a las empresas con pérdidas y en bancarrota.

Cuando salí de esa comida, nunca más volví a buscar trabajo a través de la universidad. Ni una sola sesión informativa, bolsa de trabajo o entrevista. Volví a mi apartamento y me puse a hacer una hoja de Excel.

La rellené con una lista de todas las empresas en mala situación y en bancarrota que me vinieron a la mente. Sitios que estaban haciendo algo interesante, pero que habían fracasado en los momentos difíciles. Una gran fuga de petróleo. Una caída del precio de las acciones. Despidos masivos. Un lanzamiento fallido de un producto. Con graves problemas en relaciones públicas. Con la reputación por los suelos.

Recopilé un centenar de nombres. Luego escribí un breve guion de treinta segundos para llamadas en frío, en el que explicaba que estudiaba gerencia y que me encantaría hacerle un par de preguntas a un supervisor de recursos humanos. Hice llamadas en frío a las cien empresas. Accedí aproximadamente a la mitad de ellas, luego les hice un seguimiento para darles las gracias, compartí un par de artículos y les pedí una cita para tomar un café o comer. Casi una docena me hizo una oferta. Y después de una docena de conversaciones, escribí cartas de agradecimiento e hice el seguimiento y solicité un puesto para el verano.

Me hicieron cinco ofertas.

Las cinco eran de empresas que estaban lejos de la ansiada playa metafórica.

Acepté un puesto en Walmart y, una vez allí, descubrí que era la única persona con titulación universitaria... en una oficina con más de mil empleados.

El consejo del decano surtió efecto. De pronto, me convertí en un pez grande en un estanque pequeño. Todos mis compañeros de la facultad hacía tiempo que habían desaparecido. Estaban cuadrando hojas de Excel en torres de cristal. Yo me sentaba en sillas con la tapicería medio rota, junto a pilas de cajas de cartón, en un edificio bajo de un barrio de las afueras.

Pero me encantaba. Tenía trabajo que hacer. Problemas auténticos que resolver.

En Walmart descubrí que era una de las pocas personas que citaban las últimas investigaciones y estudios de casos, puesto que los había leído y revisado en la universidad. Había muchas cosas que no sabía. ¡No tenía experiencia en ventas al por menor! ¡No tenía experiencia en el funcionamiento de superficies de venta! ¡No tenía experiencia en Walmart! Pero las cosas que yo sabía eran diferentes de los conocimientos de mis compañeros.

Y diferente es mejor que mejor.

Pasé el verano diseñando, planificando y dirigiendo el primer taller interno sobre liderazgo de la compañía.

Fue un éxito.

El último día de mi trabajo de verano, el responsable del departamento de recursos humanos me ofreció un puesto a tiempo completo, con un salario inicial nada desdeñable.

Estaba muy lejos de esa playa.

Pero me sentía de maravilla.

2

¿Qué tiene de malo el apartamento de cinco millones de dólares?

¿**Q**ué aprendí de la metáfora de la playa del decano McArthur? Busca los estanques pequeños para ser un pez grande.

En Harvard, estaba por debajo del promedio en todo. En notas, en participación en clase, en cualquier tipo de forma de valoración, siempre me encontraba entre la mitad que estaba por debajo. Era un pececito en un estanque grande lleno de tiburones de todo el mundo. Nunca me sentí a gusto con lo que estaba haciendo allí. Siempre me encontraba entre los menos cualificados.

Pienso mucho en esto cuando veo los anuncios de las páginas interiores de las revistas de lujo, donde anuncian inmuebles con un precio mínimo de cinco millones de dólares. ¡Eso es ser un pececito en un gran estanque allí mismo! Cinco millones de dólares significa que tienes *el peor apartamento de todo el edificio*. Sin vistas, sin prestigio, sin nada. ¿Quién iba a invertir en esa pesadilla, cuando con cinco millones podría comprarse un ático de ensueño en casi cualquier parte?

Cuando empecé a trabajar en Walmart yo era diferente.

Y ser diferente es realmente mejor que ser mejor.

Mi título no se vio degradado automáticamente por estar rodeado de mesas con gente con mejores titulaciones que yo. En Walmart, yo *valía algo*. Así que mi seguridad en mí mismo fue en aumento. Mi sentimiento de «¡puedo hacer esto!» no paró de crecer.

No empieces a nadar en el estanque más grande que encuentres. Empieza por el más pequeño. No persigas al chico o a la chica atractivos que están tomando el sol en la playa. Busca al genio de la biblioteca. Busca la empresa que está en la ruina.

Busca el lugar donde nadie quiere estar.

Y empieza desde allí.

El consejo del decano McArthur me funcionó tan bien que comencé a utilizarlo en otras áreas de mi vida. Unas veces conscientemente, otras no.

Pero siempre funcionó.

Cuando me adentré en dar charlas de presentación retribuidas, mi agencia de oradores me sugirió que empezara por un caché que a mí me parecía superalto.

—Resume todo lo que has aprendido de tus investigaciones y tus experiencias en una hora, toma un avión adondequiera que te inviten a hablar, transmítelo todo en directo ante un millar de personas y asegúrate de que eres ameno, pedagógico y capaz de empoderar al público. ¡No es fácil! Deberías cobrar bien por hacerlo.

—No lo sé. Me parece mucho. ¿Quién más hay en esta categoría de precios?

Me dieron un listado de personas. Autores que estaban en la lista de superventas de *The New York Times*, medallistas de oro de las olimpiadas, estrellas del *rock*. Había oído hablar de todos ellos.

—Uuum. ¿Qué os parece la mitad?

Entonces, mencionaron una lista de personas de las que no había oído hablar jamás.

—¿Y la mitad de eso? —pregunté.

—No existe —me respondieron—. Ese es el caché más bajo. A nosotros no nos sale a cuenta trabajar durante meses, pasarnos horas hablando por teléfono con personas que están en otros estados y gestionar toda la logística por comisiones que están por debajo de cierto nivel.

—Vale. Quiero empezar por el caché más bajo, por favor.

A la agencia no le gustó, pero al dar charlas por el precio más bajo, me planificaron una agenda de pequeños congresos y eventos. Fui a hablar a pequeñas salas de juntas con cincuenta personas, en lugar de a los casinos de Las Vegas ante miles de ellas. Mi seguridad en mí mismo fue en aumento. Y así siguió a medida que iba accediendo a escenarios más grandes.

Busqué investigaciones sobre la línea de pensamiento del estanque pequeño y descubrí que solo tiene treinta años de antigüedad. En 1984, se publicó un estudio de Herb Marsh y John Parker, en la revista *Journal of Personality and Social Psychology* [Diario de la personalidad y psicología social]. En él se planteaba una pregunta muy simple e incisiva: ¿es mejor ser un pez relativamente grande en un estanque pequeño, aunque no aprendas a nadar tan bien?

La investigación que se realizó durante el estudio aportó una respuesta clara.

Sí.

Así es.

Ese estudio fue el primero de una larga lista en todo el mundo que confirmó el mismo resultado increíble.

Independientemente de la edad, la situación socioeconómica, la nacionalidad o la cultura en la que se haya educado una persona, cuando está en un estanque más pequeño, la opinión que tiene de sí misma —lo que se denomina «concepto del yo académico»— mejora. Y lo más importante, *sigue siendo alta aunque abandone el estanque.*

Esto se debe a que existen dos fuerzas opuestas: encajar dentro del grupo en el que te encuentras y un sentimiento opuesto de «ser mejor que el grupo». A nuestro cerebro le gusta ese último sentimiento y se aferra a él, a medida que nos vamos dando cuenta de que «oye, yo puedo hacer esto» u «oye, tal vez pueda *mejorar* esto».

¿De qué otra forma podemos contemplar esto?

Hazte una pregunta clave.

¿Preferirías ser un aprobado en un grupo de excelentes, un excelente en un grupo de excelentes o un excelente en un grupo de aprobados?

Los resultados más llamativos de estos estudios demuestran que ser un excelente en un grupo de aprobados mejora el concepto del yo académico, y esto perdura *incluso diez años después de haber abandonado el grupo*.

Imagínate en una situación en la que pienses que eres un buen partido. ¿Sabes qué? Pensarás que eres un buen partido durante mucho tiempo. Y los estudios han revelado los mismos resultados en una gran variedad de países, tanto en las culturas individualistas como en las colectivistas de todo el mundo.

Es decir, lo que te quiero hacer entender es que no hemos de avergonzarnos por ponernos en situaciones donde nos sintamos bien con nosotros mismos. ¿Deberías degradarte? ¡No! Definitivamente, no. Pero no tiene nada de malo entrar en el maratón en la categoría más baja. Jugar en la liga local, en lugar de hacerlo en la de las estrellas. Lanzar la bola desde el *tee* más próximo al agujero.

¿Sabes qué estás haciendo?

Prepararte para el éxito.

Progresarás porque creerás en ti mismo.

Ahora bien, ¿entraña eso algún peligro? ¿Puedes llegar a pensar que eres tan bueno que puedes perjudicar tus relaciones o herir a los demás? ¡Sí! Estamos jugando con ese tipo de fuego. ¿Te has preguntado alguna vez por qué hay tantas celebridades que se divorcian después de haberse hecho famosas? ¡Tal vez sea porque su concepto del yo académico se ha ido por las nubes! ¡Piensan que son un pez enorme! Y de pronto el matrimonio en el estanque pequeño en el que se encontraban les parece demasiado insignificante. Así que saltan a otro más grande y salen con una superestrella.

¿Por qué hablo de esto? Porque me estoy refiriendo a ser consciente de nosotros mismos.

Hemos de ser conscientes de en qué estanque estamos nadando y ser amables mientras lo hacemos. Estar en estanques pequeños no es una excusa para ser arrogantes y fanfarrones. No se trata de anotar puntos lanzando la pelota de voleibol a la frente de niños de guardería.

Estamos usando un método científicamente probado de ser amables con nosotros mismos, para nadar en aguas poco profundas y ayudarnos lenta, muy lentamente, en nuestro camino de ascenso hacia lo increíble.

Busca estanques pequeños.

Añade puntos suspensivos

▫

Cambia de enfoque

▫

Considéralo un peldaño

▫

Cuéntate otra historia

▫

Pierde más para ganar más

▫

Saca a la luz para curarte

▫

Busca estanques pequeños

SECRETO 8

Vuélvete inaccesible

¿Qué sucede cuando te vuelves a levantar? ¡Pues que te sientes de maravilla! Haces las cosas con rapidez. Te esfuerzas al límite. Tomas impulso. Echas humo. Te metes en estanques pequeños. Ves resultados. Tienes influencia. Eres productivo.

Y esta es una palabra que bien merece una pausa.

Productivo.

¿Es *fantástico* ser productivo?

Lo cierto es que nunca hemos sido más productivos en la historia de nuestra especie.

Un informe del Instituto Global McKinsey sobre crecimiento global, con fecha de 2015, dice que en las naciones desarrolladas aumentó la productividad laboral en un 1,8 por ciento al año durante el pasado medio siglo, más rápido que en ningún otro periodo de la historia de la humanidad. El empleado tipo produce 2,4 veces más que en 1964.

El ritmo del crecimiento de la productividad es más rápido que en ningún otro periodo de la historia.

Tal vez esto parezca maravilloso.

Pero ¿realmente lo es?

Un artículo de portada de la revista *New Yorker*, escrito por Alexandra Schwartz, llama nuestra atención sobre la productividad y la obligación de «mejorar hasta la muerte». «No nos basta con imaginarnos en un estado físico o mental mejor. Ahora hemos de hacer gráficas de nuestro progreso, contar nuestros pasos, anotar nuestros ritmos del sueño, modificar nuestra dieta, apuntar nuestros pensamientos negativos y después analizar los datos, recalibrarlos y repetir el proceso», escribe la autora. Tim Wu, autor del libro *Comerciantes de atención: la lucha épica por entrar en nuestra cabeza*, escribió un artículo para el periódico *The New York Times* titulado «In Praise of Mediocrity» [La alabanza de la mediocridad], donde expone:

> Si eres corredor, ya no es suficiente con que corras dando la vuelta a la manzana, tienes que entrenar para el próximo maratón. Si eres pintor, ya no basta con que pases una tarde agradable en solitario, con tus acuarelas y nenúfares, tienes que pintar lo suficiente como para hacer una exposición o al menos para captar la atención de un buen número de seguidores en las redes sociales [...] La promesa de nuestra civilización, la finalidad de nuestro trabajo y progreso tecnológico, es liberarnos de la lucha por la supervivencia y tener tiempo para dedicarnos a otras cosas. Pero exigir la excelencia en todo lo que hacemos podría sabotear ese fin, puede incluso amenazar y destruir nuestra libertad.

Hoy en día, probablemente absorbemos más información, nos comunicamos más y hacemos más cosas en un día que nuestros bisabuelos en un mes.

Pero la desventaja es que ahora nos cuesta más desinhibirnos, ser creativos, salirnos de lo establecido, asumir riesgos, derramar pintura por todas partes y profundizar más en las cosas que, en última instancia, serán las que más nos importen.

Cuando un director de tu empresa cancela un programa de formación, un congreso o algún evento fuera de la sede, ¿qué razón es la más habitual? «Ahora tenemos mucho que hacer». Te puedes imaginar la mirada seria, el entrecejo fruncido y cómo todos los asistentes asienten con la cabeza. «Oh, sí. Estamos a tope. Muy ocupados. No damos más de sí».

Tenemos la sensación de que no nos podemos permitir meter un palito en nuestra rueda de la productividad, porque la bicicleta sobre la que vamos montados se despeñará cuesta abajo.

¡Tenemos heridas profundas!

Pero podemos parar.

Hemos de poner el palito en nuestras propias ruedas.

Sí, una de las formas para llegar a ser increíbles es dominando el arte de desconectarnos del ruido que nos rodea, para sentarnos junto a esos pequeños estanques de tranquilidad, donde nuestros pensamientos e ideas puedan manifestarse, fermentar, marinar y desarrollarse...

Necesitamos encontrar nuestro espacio. Un espacio adonde podamos huir. Un espacio donde podamos procesar. Un espacio donde podamos reflexionar. Un espacio donde podamos salir de cubierta y ocupar la silla del capitán, para asegurarnos de que nuestro barco llega a buen puerto.

¿Cómo podemos hacerlo?

Reservando *días intocables* en los que somos inaccesibles.

1

Las dos preguntas que debes hacerte antes de dejar tu trabajo

¿**C**ómo sabes que necesitas días intocables?

Te contaré lo que me sucedió cuando dejé mi puesto en Wal-mart, después de haber trabajado en la empresa una década.

En primer lugar, ¿por qué me marché?

Bien, me basé en la idea de los tres cubos que expongo en *La ecuación de la felicidad.** Ahora presentaré la versión breve.

Una semana tiene ciento sesenta y ocho horas. Un cubo de cincuenta y seis horas para tu trabajo, otro de cincuenta y seis horas para dormir y otro de cincuenta y seis horas para divertirte.

El cubo del trabajo y el del sueño compensan, están justificados y crean el tercer cubo: el de la diversión. ¡El cubo de todo lo que quieras!

---

* Editorial Sirio, 2017.

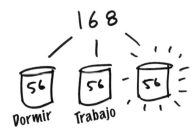

Durante la mayor parte del tiempo en que trabajé en Walmart, mi tercer cubo consistió en escribir mi blog *1000 cosas asombrosas*, mi libro *The Book of Awesome* y sus secuelas y dar charlas sobre esos proyectos. Llámalo *hobby*, segunda ocupación o como te apetezca. Todo ese primer trabajo sobre vivir con propósito formaba parte de mi cubo de la diversión.

Pero después de casarme con Leslie y de tener hijos, mi tercer cubo empezó a llenarse de baños, cuentos y hora de acostarse. De pronto, dejé de ser un escritor nocturno o de fin de semana. De hecho, me quedé sin cubos y tuve que decidir si mi cubo de cincuenta y seis horas de trabajo a la semana iba a dedicarlo a Walmart o a escribir y dar conferencias.

¿Qué sucedió?

Con la ayuda de un antiguo mentor diseñé un sencillo modelo de dos preguntas para que me ayudara a tomar la decisión. Voy a compartirlas aquí, porque creo que son útiles cuando tienes que decidir si vas a dar un salto importante. Un salto. Cualquier salto.

Antes de hacerlo pregúntate:

1. **La pregunta de lo que vas a lamentar:** ¿qué es lo que lamentaré no haber hecho con más frecuencia cuando lo contemple desde el futuro?
2. **La pregunta del plan B:** ¿qué haré si fracaso?

Para mí las respuestas llegaron con claridad.

Sobre la pregunta de lo que iba a lamentar: aunque estaba ascendiendo en la escalera corporativa de Walmart, la oportunidad de profundizar, escribir y hablar sobre mi pasión de vivir con propósito era una de esas raras oportunidades que no se producen a menudo. Sabía que si apagaba la llama para convertirme en uno de los directivos de élite de la compañía, algún remordimiento me torturaría el resto de mi vida.

Sobre la pregunta acerca del plan B: ¿qué haría si elegía dedicarme a escribir y fracasara? ¿Si todos mis libros eran un fracaso? ¿Si mi editor pasara de mí? ¿Si mis seguidores dejaran de seguirme? ¿Si me caía en el cubo de la basura de los charlatanes del pasado que acabaron enmudeciendo? Podía suceder. ¡Todavía puede! Pero sabía que podría modificar mi currículum y volver a llamar a las puertas. Me llevó algún tiempo procesar y confirmar esa idea, pero, al final, tuve fe en que encontraría otro trabajo.

Y tomé la decisión.

Dejé Walmart y pasé mi cubo de cincuenta y seis horas de diversión al cubo de las cincuenta y seis horas de trabajo. ¡Seguía teniendo cincuenta y seis horas de sueño! ¿Y en qué se convirtió el cubo de las cincuenta y seis horas de diversión? En baños, cuentos y hora de ir a la cama. ¡En estar presente! En estar con mi familia. En intentar (intentar) ser un gran esposo y padre.

Las dos preguntas me parecían correctas.

Y la idea se veía bien sobre el papel.

Pero había un problema.

2

El bombardeo arrecia

D urante mi primer año sin mi trabajo diurno, me di cuenta de
que mi productividad como escritor se me *escapaba*.

¿Por qué?

Porque aunque me había imaginado mi vida de escritor como
un escenario de tiempo infinito para estar solo, inmediatamente,
se llenó de reuniones. ¿Reuniones? Resulta que en realidad nunca
desaparecen. Llamadas de investigación y entrevistas telefónicas,
almuerzos con agentes y cafés con diseñadores de sitios web, conferencias telefónicas sobre fechas de publicación, entrevistas de
radio y llamadas para prepararme para hablar ante los medios de
comunicación.

¿Qué me pasó?

Mi proceso de escribir se detenía y se quedaba encallado todo
el día. El motor no acababa de acelerar. El problema, por supuesto,
el gran problema fue que en aquel tiempo se me valoraba solo por
mi productividad creativa.

No fue solo descorazonador, ¡sino también bochornoso!

—¿Cómo va el nuevo libro?

—Oh, ahora que he dejado mi otro trabajo, ¡fatal!

Al dejar mi trabajo diurno pensé que estaba creando espacio. Pero, en realidad, lo que hice fue dejar más tiempo para reuniones interminables y otras distracciones que rápidamente llenaron mi vacío.

No es que yo tenga la exclusiva.

Es un problema muy común hoy en día.

Y va a peor.

Cuanto más ajetreado se vuelve nuestro mundo y más suenan nuestros teléfonos, el recurso más escaso de todos es conseguir un poco de atención.

¡Y todo el mundo quiere un poquito!

Vivimos en un mundo donde hay un centenar de pequeños anzuelos intentando pescar nuestra atención. Subes a un avión y un anuncio de un coche de lujo se reproduce indefinidamente a todo volumen desde el respaldo del asiento que tienes delante. Antes de bajar del avión, el asistente de vuelo pasa preguntando a los pasajeros si quieren *inscribirse ahora* para conseguir una tarjeta de crédito de la compañía. Subes en un ascensor y la pequeña pantalla de televisión del rincón te está vendiendo un seguro de vida, a la vez que te da titulares sobre el tiempo y noticias demenciales como cebo para tus ojos. Entras en un hotel y la televisión te atrae hasta el bar, antes de que puedas poner tu ordenador portátil sobre una mesa llena de tentadoras tarjetas comerciales que te ofrecen desde masajes con piedras calientes hasta aperitivos de gambas con coco en el restaurante del vestíbulo. Miras el mensaje que te acaba de llegar al móvil y es de tu compañía telefónica que te informa que te has pasado en el consumo de datos y que puedes hacer una recarga de diez dólares pulsando «1». Abres la bandeja de entrada de tu correo electrónico y te han llegado cuatro *spams* de boletines de noticias, desde que lo revisaste por última vez. Miras por la ventana y ves un autobús envuelto en un anuncio gigante del último estreno de una película de un superhéroe, justo debajo de un enjambre de vallas publicitarias que anuncian sándwiches noventa y nueve por ciento de pollo, clubs de *striptease* y pruebas de paternidad.

¿Cómo se supone que hemos de concentrarnos?

3

Cómo desaparecer por completo

Mi tiempo para escribir se esfumó.

Recordé mi etapa de bloguero y me di cuenta de que era uno de los que se «levantaban a las cuatro de la madrugada» o que «se mantenían despiertos hasta esa hora» para hacer cosas, mientras todo el mundo dormía. Así es como escribí un millar de *posts* en mil días. Pero ahora entiendo que solo puedes circular por el carril de adelantamiento durante cierto tiempo hasta que se te salen las ruedas. Y me resisto a seguir los consejos de las personas que parece que no tienen suficiente tiempo para llenar los cubos indispensables del sueño y de la familia.

Me di cuenta de que lo que necesitaba era una forma *práctica* de abarcar más sin utilizar más tiempo.

Y la necesitaba ya.

Bien, al final encontré la solución que creo que ha salvado mi carrera, mi tiempo y mi salud mental.

Estoy seguro de que tú también la necesitas.

Lo llamo «días intocables».

Son los días que estoy totalmente ausente en todos los aspectos... para todos.

¿Cuáles son los resultados?

Bien, los días intocables se han convertido en mi arma secreta. Aunque esta es una burda comparación, cuando escribo entre reuniones, me surgen unas quinientas palabras, mientras que en un día intocable es fácil que escriba unas cinco mil. ¡Diez veces más! Y me dura el subidón toda la semana porque he cumplido mis metas de escritura.

¿Por qué soy diez veces más productivo en los días en los que me vuelvo inaccesible?

Un fascinante trabajo que Sophie Leroy, catedrática de Administración de Empresas de la Universidad de Minnesota, realizó en 2009, revela que entrar en un estado de *flow* haciendo una única tarea nos permite ser mucho más productivos que cuando intentamos concentrarnos en *múltiples* tareas.

Leroy acuñó la expresión *residuo de atención* para explicar por qué somos menos productivos cuando tenemos muchas reuniones y un montón de tareas distintas que realizar en un día. Básicamente, se nos queda un residuo de atención atrapado en la última tarea que hemos realizado.

Cuando comienzo a contarle a la gente lo de los días intocables, se empiezan a reír.

¿Por qué?

Porque reciben cientos de correos electrónicos, mensajes de texto, llamadas y whatsapps al día y hacen tantos malabarismos para intentar cumplir con sus tareas, proyectos y prioridades que les parece inviable pensar que pueden zafarse de ello.

Pero es posible.

Y esencial.

Voy a contarte cómo es un día intocable.

Para mí tiene dos componentes.

1. El profundo trabajo creativo

Cuando estás en la zona,* tu mente está pletórica, fluyes y el gran proyecto en el que estás trabajando se está cumpliendo paso a paso.

2. Hay pequeñas dosis de nitroglicerina

Pequeñas explosiones de combustible que puedes usar para cebar tu propia bomba o abrir tus centros creativos si te has quedado bloqueado. Todos experimentamos momentos improductivos de frustración, y no es tan importante evitarlos como tener un juego de herramientas mentales a las que recurrir cuando se producen. ¿Cuáles son mis herramientas? Ir al gimnasio a hacer ejercicio. Comerme un paquete de almendras. Ir a pasear a la naturaleza. Meditar diez minutos. Cambiar a otro entorno de trabajo.

¿Cómo me programo los días en los que estoy inaccesible? Miro el calendario con *dieciséis semanas de antelación*, y para cada semana, reservo un día entero como INTOCABLE. Lo pongo todo en mayúsculas: INTOCABLE. No escribo ninguna otra cosa en mayúsculas, solo los días en los que estoy INTOCABLE para que me llamen la atención.

¿Por qué dieciséis semanas por delante? El número de semanas no es tan importante como lo que hay detrás de ellas. Para mí, eso es después de haber cerrado mi agenda de conferencias, pero, sobre todo, antes de haber cerrado cualquier otra cosa. Es un momento mágico en mi agenda. Es el momento perfecto para plantar

---

* N. de la T.: Estar en estado de *flow*, o entrar en la zona (*the zone*), es entrar en ese estado en el que te estás entregando con absoluta presencia y atención a la tarea que estás realizando. Es un estado de máxima capacidad, concentración y disfrute.

una bandera de día intocable antes de que ninguna otra cosa reivindique su lugar.

En el día intocable, me imagino sentado en un coche rodeado de un vidrio de cinco centímetros de espesor a prueba de balas. Impenetrable. Nada puede entrar ni salir de allí. Las reuniones desaparecen con el limpiaparabrisas. Los mensajes de texto, las alarmas y las llamadas de teléfono. Tengo el móvil en modo avión todo el día. Al ordenador portátil le desconecto el wifi. No hay nada que pueda molestarme. Y no hay nada que lo haga. Así que puedo entregarme fácil, libre y profundamente a mi trabajo.

¿Qué sucede entonces si el coche a prueba de balas de un día intocable sufre algún percance? Por ejemplo, que recibo una invitación increíble o que alguien mucho más importante que yo *solo tiene ese día* para que podamos vernos.

Alerta roja: el día intocable está en peligro.

¿Qué hago?

Tengo una sencilla regla. Esos día son sagrados y jamás desaparecen, pero pueden cambiar de fecha siempre que no traspasen la frontera del fin de semana. No obstante, no pueden pasar semanas. Son más importantes que ninguna otra cosa que esté haciendo, así que si he de pasarlo de un miércoles a un jueves o viernes, no pasa nada, aunque tenga que cambiar cuatro reuniones para hacer sitio. Lo bueno de esta visión es que cuando plantas la bandera del día intocable en tu calendario, realmente te parecerá que es algo permanente. En cuanto los tengas reservados empezarás a sentir el subidón creativo que genera la creación profunda.

¡Y mis días intocables están más estructurados para asegurarme de que se van a hacer realidad!

4

Las tres excusas que te darán cuando intentes recomendar este secreto

Como he dicho, cuando recomiendo lo de desaparecer por unos días, la gente me plantea todo tipo de objeciones. ¡Pero esto! ¡Y aquello! Hablemos de ellas.

El primer pero. ¡El gran pero!

Pero ¿y si hay una emergencia?

Bueno, la respuesta corta es que nunca hay verdaderas emergencias. La larga es que cuando Leslie me preguntó por las emergencias, no le gustó nada mi alegato de que antes nadie tenía teléfonos móviles y que todos estábamos inaccesibles en algunos momentos. Nuestra cultura está tan orientada hacia el peor escenario posible que algunas personas ya no pueden imaginarse no rastrear las localizaciones de los móviles de sus hijos o no localizar a su pareja si estos se caen de la bicicleta. Mi respuesta es: por favor. La gente necesita relajarse. Este miedo y preocupación constante de la cultura de si sucede una desgracia necesita un jarro de agua fría sin más. Nuestras glándulas adrenales se bloquean. Todos estamos en estado de alerta máxima. Pero entiendo que mantengo una relación, así que cuando empecé a hacer esto, me comprometí con mi esposa a que en los días intocables, abriría la puerta de mi coche a prueba de balas durante una hora en el almuerzo.

¿Qué sucedió cuando lo hice?

Tuve que enfrentarme a las balas sibilantes de diecisiete mensajes de texto, docenas de correos electrónicos que parecían urgentes, infinidad de alertas e informaciones generadas por robot y, justamente, ninguna emergencia de mi esposa. Así que, al cabo de unos meses, dejé de hacerlo y empecé a decirle a mi esposa dónde iba a estar. Eso la tranquilizó en el sentido de que si pasaba algo, como último recurso, podría llamar al sitio donde estaba trabajando o, simplemente, tomar el coche y venir a buscarme. Ahora, hace ya un par de años que pongo en práctica los días intocables. De momento, nunca ha sucedido nada horrible, y Leslie y yo estamos más cómodos con nuestros días de cero contacto.

¡El siguiente pero!

Pero ¿qué pasa con las reuniones urgentes?

Hay una persona con la que necesito hablar todos los días. Tengo un trabajo en el que es muy importante que esté siempre, siempre disponible. ¡Muy bien! Te entiendo. Eres médico de urgencias. Eres el ayudante del jefe. Te entiendo. Aquí la solución es empezar poco a poco. Prueba con un almuerzo intocable. Uno de esos en los que en lugar de almorzar con todos los que están en la cafetería, te vas a dar un largo paseo. O prueba con una mañana intocable. No importa cuál sea tu función o tu puesto, te ayudará a adquirir esa tan necesaria perspectiva, a concluir ese proyecto que has retrasado tantas veces o a ver con más claridad una nueva forma de trabajar que convenza a todos de que tus momentos de trabajo cuando estás inaccesible también son valiosos.

¿Qué ventaja secundaria tiene esto? Bueno, en los trabajos donde el equipo o grupo de personas que te rodean te ayuda a que se respeten tus almuerzos intocables, ¿sabes qué? Tienes que devolverles el favor cuando alguna de ellas quiera tomarse unos de esos días. Los días intocables refuerzan los vínculos entre los miembros de un equipo.

¿Y el último pero?

Realmente deseo que la gente de mi equipo se tome sus días intocables, pero les cuesta desconectar.

Esto es interesante y bastante común. Este pero es el de las personas que responden correos electrónicos en vacaciones. Esto parece liderazgo de servicio, pero en realidad es un acto egoísta, porque aunque piensen: «¡Soy el guerrero del equipo!», lo que verdaderamente transmiten es: «¡Soy tan importante que nadie puede trabajar sin mí!» y también: «¡Soy incapaz de regresar con nuevos pensamientos e ideas renovadas, porque me niego a abandonar las trincheras!».

Hice un estudio con una empresa que se llamaba SimpliFlying donde probamos los efectos de las vacaciones *obligatorias*. Publicamos los resultados en la revista *Harvard Business Review* y descubrimos que poner faltas por llamar a la oficina funcionaba bastante bien. Sí, deducíamos días de las vacaciones pagadas si llamaban a la oficina en sus días libres. ¿Quieres que tu asistente tenga un día intocable? Dile que deje su ordenador y su móvil en la oficina y que si intenta llamar al trabajo perderá puntos.

Recuerda: es posible tener días en los que estamos inaccesibles. Y esencial.

Antes de disfrutar de este tipo de días, me limitaba a mantenerme a flote. Escribía artículos, daba charlas y hacía las cosas. Pero me faltaba algo. Cuando incluí los días en los que estoy inaccesible, fue mágico. Daba botes de alegría. ¡Empecé a hacer cosas que nunca pensé que llegaría a hacer! Escribí *Eres increíble*, una nueva charla de presentación, hice los borradores de mis siguientes libros e inicié mi *podcast 3 Books*.

Hemos de colocar el palito en nuestras propias ruedas.

Hemos de aprender a bajar el volumen y a encontrar pequeños estanques de tranquilidad donde nuestros pensamientos puedan expandirse, fermentar y cuajar, para que nos ayuden a reflexionar y a cerciorarnos de que vamos en la dirección correcta.

Esto es básico para nuestro crecimiento.

Es básico para llegar a ser increíbles.

Ya sabes cómo he puesto el palito en mis propias ruedas y ya sabes por qué pienso que tiene verdaderos beneficios hacerlo. Tal vez te preguntes si después de dos años de días intocables en mi haber, *todavía* me tomo todo el trabajo de programar, proteger y preservar cuidadosamente un día intocable a la semana.

A decir verdad, la respuesta es no.

Ahora, reservo dos.

SECRETO 8

Añade puntos suspensivos

▫

Cambia de enfoque

▫

Considéralo un peldaño

▫

Cuéntate otra historia

▫

Pierde más para ganar más

▫

Saca a la luz para curarte

▫

Busca estanques pequeños

▫

Vuélvete inaccesible

SECRETO 9

No te rindas jamás

Por fin.

El último secreto.

La última vuelta del tiovivo.

Hasta el momento hemos hablado de muchas formas de crear resiliencia, desde añadir puntos suspensivos hasta cambiar de enfoque, perder más para ganar más, buscar estanques pequeños y reservar días intocables. Esto ha sido un viaje de carrusel que hemos compartido. Mi madre se montó antes que yo, y empezamos con su historia.

Mi padre también se montó antes que yo.

Así que terminaremos cerrando el círculo.

Concluiremos con un último secreto que respalda todos los otros mensajes de este libro.

Mi padre, Surinder Kumar Pasricha, nació en un pueblo de India, llamado Tarn Taran, en 1944.

Si le preguntas cuándo es su cumpleaños te dirá que no lo sabe. En su tiempo no había registros. Un día no existías y al siguiente estabas allí.

Nadie pensaba que valiera la pena anotarlo.

Creo que había más niños que libros de registro.

Por raro que parezca, no conocí los datos básicos de mi padre —nombre, lugar y fecha de nacimiento— hasta que fui adulto.

Siempre había pensado que mi padre había nacido en Nueva Delhi hasta que un día, cuando ya tenía casi treinta, estaba zapeando en casa de mi hermana y salió una escena de la película *Gandhi*, en la que se mostraba el famoso templo dorado de Amritsar, en India.

—Allí es donde nací —dijo mi padre—. De hecho, nací en un pueblecito cercano llamado Tarn Taran.

—¿Qué? Pensaba que eras de Nueva Delhi —le respondí sorprendido.

—No, no. Me *eduqué* en Nueva Delhi, *fui al colegio* en Nueva Delhi.

—Pero cuando la gente me pregunta, siempre le digo que eres de Delhi.

—Neil —me dijo suspirando—, es más fácil. Todo el mundo conoce Nueva Delhi.

Sencillamente, es más fácil.

Esas fueron las famosas palabras de mi padre.

Pero no solo había simplificado el nombre de su lugar de origen. Lo mismo había hecho con su propio nombre.

Cuando empezó a enseñar Física y Matemáticas en el Instituto Dunbarton de Pickering, Ontario, ningún profesor sabía pronunciar su nombre. Nadie era capaz de decir bien *Surinder*.

En su lugar lo llamaban Surrender.*

Surrender.

Al poco de llegar a Canadá se dijo a sí mismo: «No he venido hasta aquí para rendirme. He venido a crecer, aprender y superarme».

La siguiente vez que un profesor le preguntó cómo se llamaba, le dijo su segundo nombre. «Kumar, pero puedes llamarme Ken».

---

* N. de la T.: Entrega o rendición, en inglés.

Ken. *Can.** Eso le sonaba mejor.

No Surinder. Yo Ken.

No surrender. I can [Rendición no. Yo puedo].

Y ahora hace casi cincuenta años que es Ken.

Mi padre nos puso nuestros nombres a mi hermana y a mí, Nina y Neil, porque eran fáciles de pronunciar, de decir, de escribir, de vivir con ellos. Es evidente que le gustaban los nombres que sus hermanos les habían puesto a sus hijos, que también se educaron cerca de Toronto, bellos nombres hindúes, como Ajai, Rajiv, Rajash, Nishant, Vinita, Manju.

Pero él quería adaptarse.

Quería que *nosotros* nos adaptáramos.

Así que esos nombres no eran una opción.

¿Por qué?

Porque *es más fácil.*

La investigadora Brené Brown ha dicho que somos la generación más «clasificada» de la historia. Clasificada. Todos tenemos sistemas de valores, ideales y afiliaciones distintos, y si *no estás con nosotros*, estás en *nuestra contra*. ¡Tanta clasificación! ¡Tanta hostilidad!

Adoptar una visión como la de mi padre —*facilitar* las cosas a los demás— es una forma generosa de vivir. No implica renunciar a tus valores, deshonrar tus tradiciones, abrir la brújula de tus principios morales y manipular la flechita. ¡No! No significa que tengas que renunciar a aspectos que son importantes para ti. Solo que puedes facilitar las cosas a otras personas, sin que a ti te cueste nada... Lo haces y basta.

---

* N. de la T.: Verbo *poder* en inglés y se pronuncia igual que el nombre Ken.

1

La magia de facilitar las cosas

M i padre se crio en una pequeña casa de tablas de madera situada en una calle sin asfaltar y compartía una diminuta habitación con sus tres hermanos y su hermana. Solo tenía tres años cuando murió su madre por causas desconocidas, y la familia, de pronto, empezó a tener dificultades para cubrir sus necesidades.

Su padre regentaba una tienda de máquinas de coser Singer cerca de Amritsar, y la abuela de mi padre, que ya se estaba haciendo mayor, fue a su casa a cuidar de ellos y les enseñó a apretarse el cinturón, a ahorrar y a cuidarse mutuamente durante veinte años. Mi padre tenía una hermana llamada Swedesh. ¿Y cómo se llamaban los cuatro hermanos? Vijay, Ravinder, Jatinder y Surinder.

¡En serio!

¡Imposible inventárselo!

Ir a la escuela era importante, y las matemáticas eran la especialidad de mi padre. Las tablas de multiplicar y el álgebra se hacían en una pizarra, *Los papeles póstumos del Club Pickwick* era la lectura asignada y la clase de gimnasia consistía en correr alrededor del patio de recreo que estaba lleno de piedrecitas y grama.

Por las noches trabajaba muchas horas planchando camisas en el almacén de las máquinas de coser, ayudando a su padre para que pudiera dedicarse a vender, mientras él se encargaba de la colada.

Todavía hoy, las pocas veces que me quedo a dormir en casa de mis padres, mi padre insiste en plancharme la ropa. Cuando me levanto a las seis de la mañana, veo la tenue silueta de mi padre planchándome la camisa de mi traje en el pasillo de la segunda planta, antes de que me vaya a trabajar.

Siempre me saca una sonrisa.

Solo he visto una foto de mi padre cuando era pequeño, una imagen borrosa en blanco y negro, de pie junto a una bicicleta, con uno de sus hermanos mayores.

Los calcetines largos, las caras serenas y el pelo bien peinado revelaban rápidamente una infancia sencilla llena de grandes sueños. Mi padre adoraba las mates y acabó abandonando a Charles Dickens, reunió sus ahorros, se puso a dar clases por las tardes y fue en bicicleta a la Universidad de Delhi, durante cinco años, hasta que consiguió su máster en Física Nuclear, en 1966. Después de graduarse hizo una solicitud al Departamento de Inmigración de Canadá y fue aceptado.

Cuando le pregunté por qué escogió Canadá, me respondió: «Miré la clasificación de los mejores sitios para vivir. Los países escandinavos estaban los primeros de la lista, pero no aceptaban inmigrantes. Canadá y Estados Unidos eran los siguientes. Así que hice una solicitud para ambos. Y la carta que recibí primero fue la de Canadá».

Como un joven cuando manda solicitudes para ir a la universidad.

La razón por la que toda su vida y la mía han transcurrido en Canadá es porque fue la carta que recibió primero.

¿Cuántas decisiones has tomado solo porque recibiste primero esa carta?

¿Estás mirando tu móvil ahora? Supongo que tienes tres aplicaciones de redes sociales con avisos de notificación, a la espera de captar tu atención. Actualmente, estamos rodeados de infinidad de distracciones. No importan los veintitrés tipos de pasta de dientes entre los que tengas que elegir y los catorce tipos de rollo de papel higiénico entre los que has de escoger en tu supermercado, haz una parada técnica de camino a casa.

Es mágico simplificar las cosas.

Hacer las cosas *fáciles*.

Sin tener que pensar una y otra vez para cada cosa que hacemos.

¿Qué te parece esto?

¿El primer país que te mande una carta?

Vete allí para el resto de tu vida.

2

No están equivocados. No tienes razón

N o soy el único que aboga por simplificar las decisiones. El catedrático de la Universidad de Harvard, Daniel Gilbert, del que ya he hablado antes, lo denomina «la inesperada dicha de estar totalmente bloqueado». Afirma que las decisiones que consideramos las *mejores* son aquellas que tomamos cuando creíamos que no teníamos otra opción. ¿Y si la hubiéramos tenido? Entonces, tenemos la tendencia de cuestionarnos lo que hacemos. Aparecen las dudas, las preguntas y los «y si». Asimismo, Barry Schwartz, autor de *The Paradox of Choice* [La paradoja de la elección], observa que «aunque los estadounidenses modernos tienen más donde elegir que ningún otro grupo de población, y por tanto, supuestamente, más libertad y autonomía, no parece que los beneficie psicológicamente».

¿A qué decisiones les estás dando vueltas en estos momentos?

Sé que todos queremos lo mejor. ¡Todos hemos de tener lo mejor! ¡Tener la mejor cita! ¡La mejor fiesta! ¡El mejor centro de estudios! ¡La mejor casa!

Pero si crees que te podría gustar cualquiera de las opciones entre las que has de elegir ahora..., bien, elige una.

Dite a ti mismo que no tienes opción.

Y no te rindas jamás.

En el caso de mi padre, él pensó que le gustaría vivir en Canadá o en Estados Unidos, y la carta de Canadá llegó primero.

Llegó a Toronto con ocho dólares en el bolsillo, que gastó en los dos primeros días.

Mi padre fue el primer profesor de Física de un distrito escolar local. «La física es la reina de las ciencias», diría con una sonrisa. Incluso tenía aspecto de físico, con su pelo negro ondulado, sus gruesas y largas patillas y grandes gafas cuadradas. A veces, lo veía como si fuera un poco el Einstein hindú.

Las patillas nunca han pasado de moda para mi padre. Es la persona más despiadadamente indiferente a la moda que conozco. Incluso cuando Jason Priestley y Luke Perry volvieron a poner de moda las patillas largas, en la serie de televisión *Beverly Hills, 90210*, y de pronto, todos los alumnos del instituto que podían se las dejaban crecer, ¿se las cortó mi padre? No, simplemente pasó un año yendo *a la moda*.

Mi padre sigue las reglas. Es el que siempre conduce a la velocidad estipulada por la autopista y por el carril que le toca, a pesar de que todo el mundo lo adelanta. Nadie va a la velocidad estipulada.

Cuando éramos pequeños, solíamos hacerle bromas y decirle que fuera más rápido, y él respondía: «¿Qué cambiará si llegamos cinco minutos antes?». Él siempre planificaba salir cinco minutos antes para llegar a la hora sin pasarse de la velocidad.

Mi padre es de esas personas que le dicen al cajero que se ha equivocado en el cambio y que le ha dado de más.

Y su honestidad lo hacía malísimo en los juegos de mesa.

A mi familia le encantaban los juegos de mesa, pero a mi padre nunca le entusiasmaron. En el Monopoly era de lo peor. Podía tirar los dados y mover ficha, pero nunca ganó. ¿Por qué? Porque si caía en tu propiedad y te olvidabas de cobrarle el alquiler, te lo decía.

Tenía el billete de veinte dólares en la mano y te lo daba con orgullo como queriendo decir: «¡Gracias!». Gracias por dejarme estar en tu hermosa casa verde de la avenida Báltico.

—Papá —le decíamos moviendo la cabeza—. Si nos olvidamos de cobrarte el alquiler, no nos lo digas. ¡Así es como ganarás más dinero! ¡Así es como ganarás el juego!

Pero no lo entendía.

—Si estoy en una propiedad que te pertenece, he de pagar mi alquiler. Y tú habrás de pagarme a mí cuando estés en la mía, y todos seremos mucho más felices que si intentamos engañarnos mutuamente como estáis haciendo todo el rato —nos decía.

Mi padre intentaba enseñarnos algo.

Siempre intentaba enseñarnos algo.

Porque ante todo era profesor.

Cuando iba a casa con mi libro de texto de matemáticas o de física y tenía problemas para hacer mis deberes, él tomaba una silla y se sentaba a mi lado e intentaba explicarme cómo hacerlo. Si yo seguía sin entenderlo, volvía a intentarlo, pero de otra manera. Si seguía sin entender, volvía a cambiar de técnica, y seguía cambiando una y otra vez, una y otra vez, hasta que yo, al igual que les sucedió a los miles de alumnos que tuvo, acababa entendiéndolo.

Jamás se rindió.

Es como uno de esos cochecitos de juguete que haces rodar marcha atrás y cuando chocan contra una pared, cambian de dirección y se van hacia otro lado.

Hay algo importante en esto.

Vivimos en unos tiempos en los que si alguien no nos entiende, mostramos impaciencia, frustración o sorpresa. Repetimos lo que hemos dicho. ¡Gritamos! ¡Alzamos los puños! Lo decimos más despacio. Entonces, cuando una persona no se limita a repetir las cosas, *sino que modifica lo que dice*, sabes que ve las cosas desde otro prisma. No es que *tú* no lo entiendas. Es que *es* difícil de entender. Y la responsabilidad recae en la persona que explica.

Sé que he de mejorar en recordar que *no es culpa del que escucha* que no entienda lo que estoy diciendo. Sino mía.

Esa es la esencia de la verdadera empatía.

Mi padre jamás levantó la voz o se impacientó. Nunca te hacía sentir que eras tonto porque no entendieras lo que te estaba explicando. Solo seguía cambiando la táctica de enseñanza hasta que llegaba su mensaje.

En cierto modo, lo que siempre hacemos es ver cosas, aprender cosas y probar cosas de formas nuevas.

Y además de no rendirse jamás, mi padre no creía que ningún *tipo de enseñanza estuviera vedado para ninguna edad*. Me enseñó los tipos de interés para las hipotecas cuando tenía tres años. A los cuatro me explicó los seguros de vida. Y recuerdo claramente que le pregunté sobre la bolsa a los cinco o seis años. Me fascinaban las páginas de los periódicos escritas en letra pequeña y en columnas. Como de costumbre, él vio una oportunidad para enseñar y lo convertimos en juego los dos juntos.

—Dime algo que te guste —me decía.

—¡Um, una Coca-Cola! —respondía yo.

—Vale. Mira esto. Mira este KO en el periódico. Eso es Coca-Cola. La acción está a cincuenta dólares. Con cincuenta dólares puedes comprar una acción de Coca-Cola. Eso significa que te pertenece una parte de la compañía. ¿Quieres comprar algunas?

¡Por supuesto que quería! Había ahorrado algo de dinero y se lo di a mi padre para que me comprara un par de acciones de Coca-Cola.

Mi padre y yo compramos una cartulina grande y dibujamos un gráfico con el precio de las acciones de Coca-Cola en el eje vertical y con las fechas en el horizontal. Me enseñó a revisar el precio de las acciones todos los días y a hacer un seguimiento de su revalorización. No me lo podía creer cuando las acciones empezaron a subir y a subir. Consiguió despertar mi interés con la idea de que el dinero puede revalorizarse si se invierte en el negocio adecuado.

Por cierto: no infravalores nunca la demanda de agua azucarada.

3

Cada contacto es una oportunidad

Mi padre también creía que cada situación era una oportunidad para conectar con alguien y dominó el arte de aprender de las personas que no conocía.

Recuerdo haber hecho muchas colas con él. Cuando íbamos al banco o a hacer el cambio de aceite del coche. Antes había más colas, más esperas. Y no importaba dónde estuviéramos, mi padre siempre iniciaba una conversación con alguien que tuviera a su alrededor para romper la monotonía. Hacía reír al empleado del banco o charlaba tres minutos con la camarera sobre el equipo deportivo de la comunidad. Si querías hablar de la bolsa, hablaba de la bolsa. Si querías hablar de cine, hablaba de cine. Si querías hablar de Margaret Thatcher, del mantenimiento del coche o del precio del oro, mi padre te hablaba de todo ello.

Siempre encontraba alguna forma de conectar rápidamente con un extraño. Solía tantear un poco a la persona. «¿Ahorrando para ir a la universidad?», preguntaba. «¿Vigilando a los hijos?» o cualquier otra cosa. Eso le daba juego para iniciar la conversación, un gesto con la cabeza conducía al siguiente... Yo siempre lo observaba, año tras año, y esas pequeñas charlas se convertían en pequeños momentos de belleza que sacaban lo mejor de las personas.

Uno de mis proyectos más apasionantes actualmente es mi *podcast 3 Books*. ¡Puedo hablar con mis héroes sobre libros! He conversado con Judy Blume sobre por qué es necesario que los libros contengan más escenas de sexo, con Mitch Albom sobre qué es lo que importa en la vida una vez que has encontrado el sentido y el propósito, y con David Sedaris sobre qué es lo que fomenta nuestro arraigado deseo de tener cada vez más. Debería ponerme nervioso por tener esas charlas. ¡Y me pongo! Pero también sé que cada vez que me siento a conversar con alguien, no estoy tan nervioso como se supondría que debería estarlo, porque tengo la experiencia de haber observado a mi padre durante algunas décadas.

También he observado cómo su incansable curiosidad le hacía compartir información que no era muy conocida y solicitaba más de la otra persona. Era su juego. Una especie de intercambio de confianza. Veía las maquinaciones de la industria y de la economía y siempre se preguntaba por qué, cuánto y si nosotros podríamos.

Por ejemplo, le decía a la dueña del restaurante donde estábamos cenando: «¿Cuánto vale alquilar un restaurante como este, ocho dólares el metro cuadrado? Mi sobrina paga diez dólares un poco más abajo de esta calle, pero está en una esquina». Entonces ella le decía cuánto pagaba y él sacaba cuentas conmigo. «Mira las tejas del tejado. Son de 60 x 120 centímetros. Cuéntalas a lo largo y a lo ancho. ¿Qué te ha dado? Correcto, forman una superficie total de ciento treinta y cinco metros cuadrados y a ocho dólares el metro cuadrado, significa que paga unos trece mil dólares anuales de alquiler, ¿correcto?».

Siempre hacía estas cosas, jugaba con los números, siempre matemáticas sencillas, siempre al servicio de un objetivo mayor.

«Probablemente tendrán que servir cincuenta comidas al día para afrontar los gastos. ¡Eso es mucho pastel de carne! Mucho trabajo. No creo que nosotros pudiéramos afrontarlo».

Siempre, siempre, pregunta.

No te rindas jamás.

4

Solo puedes ir hacia delante

Mi padre solo conocía una dirección. Hacia delante.
En mi infancia, solía preguntarle si alguna vez volveríamos a India a visitar a los primos segundos o tías abuelas y tíos abuelos que tuviéramos allí.

—Tú sigue hacia delante —me decía—. Me iré a Miami en avión y desde allí tomaré un crucero.

Su concepto del placer era comer suflé Alaska de postre, servido mientras contempla el mar centelleante desde el pequeño ojo de buey del barco. Sus recuerdos de India eran hacinamiento, contaminación y pobreza. No le interesaba regresar físicamente, ni tampoco mentalmente.

Así que nunca fuimos.

Siempre hacia delante.

Sabía por lo que valía la pena preocuparse y por lo que no.

Sabía qué era importante y qué no.

Sabía qué era lo esencial, y era seguir siempre hacia delante.

Cuando me esfuerzo, cuando me encuentro ante un muro, cuando me despiden, cuando pierdo una oportunidad, cuando me levanto por la mañana y siento que empiezo desde cero... pienso en mi padre y en su lema de ir solo en una dirección.

Es el último paso en el camino hacia lo increíble.

El hecho es que en realidad solo podemos ir hacia delante.

Por tanto, basta con que empecemos a caminar en esa dirección.

Y no rendirnos jamás.

Añade puntos suspensivos

▫

Cambia de enfoque

▫

Considéralo un peldaño

▫

Cuéntate otra historia

▫

Pierde más para ganar más

▫

Saca a la luz para curarte

▫

Busca estanques pequeños

▫

Vuélvete inaccesible

▫

No te rindas jamás

AGRADECIMIENTOS

Aardvarks, Shawn Achor, Vishwas Aggrawal, Ajay Agrawal, Airplane Mode, Mitch Albom, Roberto Alomar, Chris Anderson, Deepak Angl, cualquiera que no incluya publicidad en su material, Roger Ashby, Astro Boy, Bar Raval, Cameron Barr, Dave Barry, Aussie Bear, Beck, Pat Belmonte, Plezzie Benitez, Jen Bergstrom, Ariel Bissett, Matt Blair, Gale Blank, Tracey Bloom, Judy Blume, Alan Blundell, Michal Bobinski, Sam Bradley, Darren Brehm, Scott Broad, Brené Brown, Ivana Budin, Ryan Buell, George Burford, los conductores de autobús que te dejan justo delante de la puerta de tu casa, Keith Bussey, David Cain, Susan Cain, la caña de azúcar, Jeremy Cammy, Joseph Campbell, Jenny Canzoneri, Holli Catchpole, Francesco Cefalu, el Center for Humane Technology [Centro de tecnología humana], Clare Cheesewright, David Cheesewright, David Cheung, David Chilton, Cooperstown Rejects, Wayne Coyne, Alec Crawford, Creeds, Crystal Pepsi, Roger Cude, Jim Davis, Rob Deeming, Tony D'Emidio, Marilyn Denis, Melvil Dewey, Guilherme Dias, Jeff Dinski, Siobhan Doody, Stella Dorsman, Mike Dover, Drew Dudley, Shera Eales, Kaye Egan, Amy Einhorn, la elipsis..., Epicteto, Christine Farrell, Jonathan Fields, Tom Fitzsimmons, James Frey, Rich Gibbons, Malcolm Gladwell, Cassie Glasgow, Seth Godin, *Golden Words*, Robin Goodfellow, Kevin Groh, Chris Guillebeau, Bob Hakeem, Mohsin

Hamid, Kevin Hanson, Kevin Hanson, Ryan Harper, *Harper's*, Michael Harris, Ivan Held, la señorita Hill, Ryan Holiday, Pete Holmes, Jerry Howarth, Kait Howell, Mr. Howes, Andrew Hughson, Hula, Humble The Poet, Mike Huntington, Paul Hunyor, Jason James, Mitch Joel, Stephen Johnson, Gary Johnston, Mike Jones, Satish Kanwar, Mitchell Kaplan, Chris Kim, la señorita King, Austin Kleon, Kerri Kolen, Jon Krashinsky, Shivani Lakhanpal, Gary Larson, David Lavin, Joey Lee, Manny Lee, Eleanor LeFave, Jim Levine, The Lexster, Andrew Limmert, Amanda Lindhout, Garry Liu, Beth Lockley, Kurt Luchs, Erik Lundgren, M83, Shelley Macbeth, el señor Macdonald, Stephen Malkmus, Erin Malone, Mark Manson, Karyn Marcus, Drew Marshall, Elan Mastai, Agostino Mazzarelli, Gillian McClare, McDonald's, Emily McDowell, Janice McIntyre, Doug McMillon, Baxter Merry, Neil Meyers, Mike de BMV, David Mitchell, Brad Montague, Tracy Moore, Sophia Muthuraj, Krishna Nikhil, Danielle Nowakowski, Conan O'Brien, Mr. Olson, Brian Palmer, Sofi Papamarko, The Papercutters, Park & Province, Matt Parker, Shane Parrish, Adrian Pasricha, Akash Pasricha, Ken Pasricha, Nina Pasricha, Sunita Pasricha, Tamin Pechet, Cam Penman, Jen Penman, Farah Perelmuter, Martin Perelmuter, André Perold, Jay Pinkerton, Microsoft PowerPoint, Nita Pronovost, Nita Pronovost, Queen Street West, Felicia Quon, Sarah Ramsey, Heather Ranson, Blaise Ratcliffe, el guacamole frío (salado, fresco y con tropezones), Heather Reisman, An Richardson, Donna Richardson, Karen Richardson, Leslie Richardson, Leslie Richardson, Leslie Richardson, Mara Richardson, Mark Richardson, Rippy, Mel Robbins, Mike Robertson, Rich Roll, Michele Romanow, Gretchen Rubin, Ian Sabbag, Navraj Sagoo, Holly Santandreas, Conrad Schickedanz, Schuster, Jessica Scott, Section A, David Sedaris, *Seekers*, la señorita Selby, Séneca, Mariette Sequeira, Brian Shaw, Rita Silva, Simon, Simon & Schuster, Derek Sivers, Justin Skinner,

Lesley Smith, Lauren Spiegel, Michael Bungay Stanier, Trey Stone, los desconocidos que hacen carantoñas a los bebés, Rita Stuart, Amit Taneja, Sumeer Taneja, Nassim Taleb, Kate Taylor, Ryan Taylor, los campeones de la NBA en 2019 —los Toronto Raptors—, todos los profesores que trabajan mucho por amor a sus alumnos y que quieren marcar la diferencia en su vida, aunque apenas se les reconozca, Freddo Thate, Ron Tite, Adrian Tomine, Toshi Auntie, los árboles, Brent Underwood, Chad Upton, Tim Urban, Gary Urda, David Foster Wallace, Michele Wallace, Sydne Waller, Frank Warren, el agua, Bill Watterson, Westy, Tom Wolfe, Bob Wright, Joan Wright y las cebras.

FUENTES

Introducción
Benoit Denizet-Lewis, «Why Are More American Teenagers than Ever Suffering from Severe Anxiety?», *The New York Times*, 11 de octubre de 2017.

Secreto 1
Tania Brannigan, «China's Great Gender Crisis», *Guardian*, 2 de noviembre de 2011. https://www.theguardian.com/world/2011/nov/ 02/chinas-great-gender-crisis.
Susan Brink, «Goats and Soda: Selecting Boys over Girls Is a Trend in More and More Countries.» NPR, 26 de agosto de 2015. http://www.npr.org/sections/goatsandsoda/2015/08/26 /434616512/selecting-boys-over-girls-is-a-trend-in-more-and-more-countries.
«Dowry», Wikipedia. Última modificación 23 de abril de 2019. https://en.wikipedia.org/wiki/Dowry.
«Código de Hammurabi», Wikipedia. Última modificación 30 de abril de 2019. https://en.wikipedia.org/wiki/Code_of_Hammurabi.
James R. Mahalik, Elisabeth B. Morray, Aimée Coonerty-Femiano, Larry H. Ludlow, Suzanne M. Slattery y Andrew Smiler, «Development of the Conformity to Feminine Norms Inventory», *Sex Roles* 58, nos. 7/8 (abril 2005). https://pdfs .semanticscholar.org/b10e/2703efb7fd955 8e81866d14606b 0f2abeb30.pdf.
Jiwoong Shin y Dan Ariely, «Keeping Doors Open: The Effect of Unavailability on Incentives to Keep Options Viable». *Management Science* (mayo de 2004). http://citeseerx.ist.psu.edu /viewdoc/download?do i=10.1.1.580.954&rep=rep1&type=pdf.

Secreto 2
Karen Huang, Alison Wood Brooks, Ryan W. Buell, Brian Hall y Laura Huang, «Mitigating Malicious Envy: Why Successful Individuals Should Reveal Their Failures», documento de trabajo de la Escuela de Negocios de Harvard, n.º 18-080, febrero de 2018. https://www.hbs.

edu/faculty/Publication%20Files/18–080_56688b05–34cd-47ef-adeb-aa7050b93452.pdf.

Anouk Keizer, Monique A. M. Smeets, H. Chris Dijkerman, Siarhei A. Uzunbajakau, Annemarie van Elburg, Albert Postma y Manos Tsakiris, eds. «Too Fat to Fit through the Door: First Evidence for Disturbed Body-Scaled Action in Anorexia Nervosa during Locomotion». *PLoS One* 8, n.º 5 (mayo de 2013). https://www.ncbi.nlm.nih.gov/pmc/articles/PMC3667140/.

«Scouts Seek Models at Swedish Anorexia Clinic», *The Local*, 18 de abril de 2013. https://www.thelocal.se/20130418/47404#.UXABgitg8yE.

Anna Breslaw, «Sad: Anorexics Try To 'Squeeze' Through Doorways They Could Easily Walk Through», *Cosmopolitan*, 12 de junio de 2013. https://www.cosmopolitan.com/health-fitness/news /a13221/anorexia-squeeze-doorways-study/.

Thomas Gilovich y Kenneth Savitsky, «The Spotlight Effect and the Illusion of Transparency: Egocentric Assessments of How We Are Seen by Others», *Current Directions in Psychological Science* 8 (6) (1 de diciembre de 1999): 165–168. https:// journals.sagepub.com/doi/10.1111/1467–8721.00039.

Laura Starecheski, «Why Saying Is Believing—The Science of Self-Talk», *Morning Edition*, NPR, 7 de octubre de 2014. https://www.npr.org/sections/health-shots/2014/10/07/353292408/why-saying-is-believing-the-science-of-self-talk.

Secreto 3

Jordi Quoidbach, Daniel T. Gilbert y Timothy D. Wilson, «The End of History Illusion», *Science* 339, n.º 6115 (2013): 96-98. http://science.sciencemag.org/content/339/6115/96.

John Tierney, «Why You Won't Be the Person You Expect to Be», *New York Times*, 3 de enero de 2013. https://www.nytimes .com/2013/01/04/science/study-in-science-shows-end-of-history-illusion.html.

Greg Miller, «Your Elusive Future Self», *Science*, 3 de enero de 2013. https:// www.sciencemag.org/news/2013/01/your-elusive-future-self.

Shankar Vedantam, «You vs. Future You; Or Why We're Bad at Predicting Our Own Happiness». *Hidden Brain*, NPR, 23 de agosto de 2016. Audio, 24:1. https://www.npr.org/templates/tran script/transcript. php?storyId=490972873.

«Average woman will kiss 15 men and be heartbroken twice before meeting 'The One,' study reveals», *Telegraph*, 1 de enero de 2014. https://www. telegraph.co.uk/news/picturegalleries/howaboutthat/10545810/

Average-woman-will-kiss-15-men-and-be-heartbroken-twice-before-meeting-The-One-study-reveals.html.

Secreto 4

«Shame», *Lexico Online, powered by Oxford.* https://www.lexico.com/en/definition/shame. Consultado el 21 de junio de 2019.

James R. Mahalik, Benjamin D. Locke, Larry H. Ludlow, Matthew A. Dieme, Ryan P. J. Scott, Michael Gottfried y Gary Freitas, «Development of the Conformity to Masculine Norms Inventory», *Psychology of Men & Masculinity* 4, n.º 1 (2003): 3-25. http://www.psychwiki.com/dms/other/labgroup/Measu235sdgse5234234resWeek2/Krisztina2/Mahalik2003.pdf.

Brené Brown, «Shame v. Guilt», Brené Brown, LLC, 14 de enero de 2013. https://brenebrown.com/blog/2013/01/14/shame-v-guilt/.

_____«Listening to Shame.» Filmado el 2 de marzo de 2012, en Long Beach California, vídeo de TED, 20:32. https://www .ted.com/talks/brene_brown_listening_to_shame/transcript#t-1219024.

Bernard Golden, *Overcoming Destructive Anger* [Superar la ira destructiva], (Baltimore, Johns Hopkins University Press, 2016).

Shahram Heshmat, «5 Factors That Make You Feel Shame», *Psychology Today,* 4 de octubre de 2015. https://www.psychologyto day.com/us/blog/science-choice/201510/5-factors-make-you-feel-shame.

Daniel Sznycer, John Tooby, Leda Cosmides, Roni Porat, Shaul Shalvi y Eran Halperin, «Shame Closely Tracks the Threat of Devaluation by Others, Even across Cultures», *Proceedings of the National Academy of Sciences* 113, n.º 10 (marzo de 2016): 2625-2630. http://www.pnas.org/content/113/10/2625.

Rhinehart, Luke, *The Book of est* [El libro de est], (Nueva York, Holt, Rinehart and Winston, 1976).

Carol S. Dweck, *Mindset la actitud del éxito,* (Málaga, Sirio, 2016).

Susie Steiner, «Top Five Regrets of the Dying», *The Guardian,* 1 de febrero de 2012. https://www.theguardian.com/lifeandstyle/2012/feb/01/top-five-regrets-of-the-dying.

Secreto 5

Mike Sacks, *And Here's the Kicker: Conversations with 21 Top Humor Writers on Their Craft* [Aquí está lo mejor de todo: donversaciones con 21 de los mejores humoristas sobre su arte], (Cincinnati, Writer's Digest Books, 2009).

Seth Godin, entrevistado por Tim Ferris, «Seth Godin on How to Say 'No', Market Like a Professional, and Win at Life», *The Tim Ferris Show,* 1 de noviembre de 2018.

Seth Godin, entrevistado por Jonathan Fields, «Seth Godin: Learn to See, Leave Them Changed», *Good Life Project*, 13 de noviembre de 2018.

Mark Manson, *The Subtle Art of Not Giving a F*ck* [El sutil arte de no dar una m*ierda] (Nueva York, HarperCollins, 2016).

Marie Forleo, «How to Stop Caring About Things that Don't Matter [Episode 41]». *The Marie Forleo Podcast.* https://pod casts.apple.com/ca/podcast/the-marie-forleo-podcast/id1199977889.

Secreto 6

Gabe Bullard, «The World's Newest Major Religion: No Religion», *National Geographic*, 22 de abril de 2016. http://news.na tionalgeographic.com/2016/04/160422-atheism-agnostic-secular-nones-rising-religion/.

Jean M. Twenge, Julie J. Exline, Joshua B. Grubbs, Ramya Sastry y W. Keith Campbell, «Generational and Time Period Differences in American Adolescents' Religious Orientation, 1966-2014», *PLoS One* 10, n° 5 (2015). https://journals.plos.org/plosone/article?id=10.1371/journal.pone.0121454.

Vivek Murthy, «Work and the Loneliness», *Harvard Business Review*, 17 de septiembre de 2018.

Stefanie Brassen, Matthias Gamer, Jan Peters, Sebastian Gluth, y Christian Büchel, «Don't Look Back in Anger! Responsiveness to Missed Chances in Successful and Nonsuccessful Aging». *Science* 336, n.º 6081 (4 de mayo de 2012): 612-614. http:// science.sciencemag.org/content/336/6081/612.

Roy Baumeister y John Tierney, *Willpower: Rediscovering The Greatest Human Strength* [Fuerza de voluntad: redescubre la mayor fortaleza del ser humano], (Nueva York, Penguin Group, 2011).

Brigid Schulte, «Do These Exercises for Two Minutes a Day and You'll Immediately Feel Happier, Researchers say», *Washington Post*, 29 de junio de 2015. https://www.washingtonpost.com/news/inspired-life/wp/2015/06/29/do-these-exercises-for-two-minutes-a-day-and-youll-immediately-feel-happier-researchers-say/?utm_term=.fbc3f4b364b2.

Secreto 7
H. W. Marsh y J. W. Parker, (1984) «Determinants of student self-concept: Is it better to be a relatively large fish in a small pond even if you don't learn to swim as well? *Journal of Personality and Social Psychology* 47, n.º 1 (1984): 213-231. http://dx.doi.org/10.1037/0022–3514.47.1.213.
«Big-fish-little-pond effect», Wikipedia. Última modificación 6 de mayo de 2018. https://en.wikipedia.org/wiki/Big-fish%E2%80%93 little-pond_effect.

Secreto 8
Alexandra Schwartz, «Improving Ourselves to Death», *New Yorker*, 8 de enero de 2018. https://www.newyorker.com/maga zine/2018/01/15/im-proving-ourselves-to-death.
Tim Wu, «In Praise of Mediocrity», *New York Times*, 29 de septiembre de 2018. https://www.nytimes.com/2018/09/29/opinion/sunday/in-praise-of-mediocrity.html.
Sophie Leroy, «Why Is It So Hard to Do My Work? The Challenge of Attention Residue When Switching between Work Tasks», *Organizational Behavior and Human Decision Processes* 109, n.º 2 (julio de 2009): 168-181. https://www.sciencedirect.com/science/article/pii/S0749597809000399.

Secreto 9
Daniel Gilbert, *Tropezar con la felicidad,* (Barcelona, Ariel, 2017).
Barry Schwartz, «The Paradox of Choice», filmado en julio de 2005, a las 19:37, en Oxford, Reino Unido. Vídeo de TED. https://www.ted.com/talks /barry_schwartz_on_the_paradox_of_choice.

SOBRE EL AUTOR

N EIL PASRICHA piensa, escribe y habla sobre vivir con propósito. Es autor de seis libros superventas, entre los que se
encuentran *The Book of Awesome* y *La ecuación de la felicidad*, que
han estado más de doscientas semanas en las listas de superventas
y de los que se han vendido más de un millón de ejemplares. Es el
anfitrión del galardonado *podcast 3 Books*, donde lleva quince años
buscando los mil libros más educativos del mundo, a través de entrevistas con personajes como Malcolm Gladwell, Angie Thomas
y el mejor conductor del mundo de Uber. Da más de cincuenta
conferencias al año, en organizaciones tan conocidas como TED,
SXSW y Google. Licenciado por la Universidad Queen y por la Escuela de Negocios de Harvard. Vive en Toronto con su esposa, Leslie, y sus tres hijos. Puedes contactar con el autor en las redes sociales @neilpasricha, visitar su blog Neil.blog o escribirle a neil@
globalhappiness.org.